大展好書 好書大展

大展好書 好書大展

實用心理學講座

3

面對面心理術

多湖輝／著
蘇燕謀／譯

大展出版社有限公司

目 錄

二、攻入對方心理堡壘的戰術……59

目　錄

三、立刻揣摸出對方的心理……105

四、第一次就要讓對方記得你……135

五、讓對方說「是」的心理戰術

序文—開啓人際關係之鑰—初見面的藝術

重視彼此得以見面的「緣」，才能建立良好的人際關係

到目前爲止，我已經歷了五十多年的人生。在這數十年中，曾經與之見過面及實際接觸的人不計其數。而每當我想起與一位朋友由陌生、初見面直到熟識的經過，總會覺得人與人之間的交際關係實在是件不可思議的妙事。

當然，在所有認識的人之中，也不乏由孩提時期開始交往至今的朋友。但一般來說，大部份是在成年後才開始認識的，並且直到現在，我與他們也都能維持着親密的關係。

我一向很重視人與人之間相識相交的境遇。按佛家的說法，這算是一種「因緣」。我們知道在整個世界中，很多人終其一生無法見面認識，卽使縮小範圍，在同一國度裏，依然有許多人一輩子從未見過面。

因此，在這繁雜的人類環境中，要能夠親密交談，記住彼此姓名，並進而爲工作上、生活上休戚與共的朋友，實在須要有很深厚的「機緣」。

而我在婚禮致詞中，也經常這麼說：

「人與人之間的相會實在是件奇妙不過的事。今天，我雖然能與各位一起參加喜宴，一起親切交談。但當曲終人散後，在彼此生涯中，又有多少人能有第二度，甚至第三度的會面交談機會呢？我想，大部分人都只能僅有此一面之緣。因爲人與人相會情形通常都是如此的。

在這種多數人匆匆而過，無緣結識的社會環境中，新郎新娘卻要從此共同生活在同一屋頂之下，共同喜樂地過一輩子，這情形也只能以『緣份』來解釋了。所以，我希望今天各位都能把握這份好不容易得到的『機緣』，好好相處……」

正如我上面所說的，我在與外國人或本國人士交談時，總會想：這是我們第一次的會面，但也極有可能是最後一次……每當我想起這點，便忍不住特別珍惜這難得的機會，而進一步想留給對方良好的印象。同時，我也以爲：只有抱持這種想法而珍惜也許僅有一次的短暫會面，才能建立起我們所預想不到的良好人際關係。

初次見面時的各種印象

我個人過去曾經接觸過相當多的人。換句話說，就是有過多次初見面的經驗。現在，我一邊寫著有關「初見面」的文稿，一邊回想過去與各種人初見面的經驗，竟發覺其中有些情況是很令人回味的。

就拿我與世界著名的小提琴早期教育家鈴木鎮一先生的會面情形來說吧。當時，我曾因在松本的才能教育暑期大會上，爲一位小朋友的小提琴演奏感動得流淚，而立卽訪問鈴木先生，請教他教導的方法。感謝鈴木先生，他態度親切地詳細回答了我提出的每一個問題。並且在我辭別時，在色紙上寫了「人是環境的子女」「任何子女都能教育成預期的目標，其間只是方法的差異罷了」這些話送我。使我僅憑這一次的會面，便深深地喜歡這位先生，直到現在，我仍然是鈴木先生的熱烈支持者之一。

有時候，有些會面的情形還眞夠你嚇一跳呢！譬如在二十多年前訪問作家三蒲朱門、曾野綾子夫婦時，便有這種感覺，當時訪問的動機是因爲我與一位在大衆傳播界很活躍的朋友想邀請三蒲夫婦到印度旅行，以擷取文學靈感。這種動機雖很特殊，但更特別的卻是三蒲先生在初次見面場合中的行動。

當時，三蒲坐在庭院中的搖椅上，一看到我們，便卽刻拿起照相機「啪」地一聲將我們納入了鏡頭。然後解釋說：「對不起，我總喜歡爲第一次見面的朋友拍照……」現在回想起來，不論三蒲是因正熱衷攝影，還是純粹想帶給初見面的朋友一次意外的驚嚇，在被攝影的人來說，心理上總會有種特殊的感覺，讓人連感到對方無禮的時間都沒有，而當場楞住，讓對方的作風搞得怪不自在的。

除此以外，我還想起了許多初見面時的情形：

譬如淀川長治，在初次見面交談時，便使我不得不注意「我可以說這種話嗎？」「這些話是不是有趣？」的問題。而宮城馬利子則在見面後，即用甜蜜的語氣，一見如故的與我交談。至於當時的上野動物園園長林壽郎則是在早上一見面就說「我肚子餓了……」，然後毫無做作地，像個粗人般拿出飯糰就吃。另外，在與以「一想到這個晚上就睡不着覺」為相聲主題而出名的春日三球、照代夫妻初見面時，也留給我很深刻的印象。當時，他們為了參加大阪的八木治郎的節目而特地回到大阪，且在大阪機場和我及八木見面。我還記得那時他們夫婦倆一點也沒有紅演員的架子，態度謙虛地要幫我提行李，並且讓座給我。至今，他們這種不忘本源的精神，仍令我深深感動。

初次見面表現的成敗都有心理因素

以上是我就隨意想起的數次初見面的情況做一簡單的介紹。這些人在初見面時，的確留給我很深刻的印象，而這些帶給我諸如此類特殊經驗的人，也都毫無例外的成為我永遠的好朋友。即使相隔數年後再能相見，我仍願意犧牲自己的一切來幫助他們。

當然，這不是因為他們在初見面時就抱有這種期求日後報償的自私想法。而是因為他們能夠深層地了解人類微妙的心理，並且能自然流露出適當的態度，同時，這也使得他們成為各行事業上傑出的一流人物。

反過來說，像我這種平凡的人，便不容易做到這一點。年輕時，常常會有忘記以前曾相處整日的朋友的姓名的情形，更糟的是，連在一起相處過的事也都忘了。事後回想起來，我只能怪自己心不在焉。

由於我在年輕時代，曾對心理學發生過濃厚的興趣，並且也一度鑽研過。所以在遇到這種「健忘」的情況時，我就會針對自己當時是否有人際關係方面的心理障礙，加以分析研究，企圖找出自己失敗的原因。相反的，每當我感到有一次愉快的初會經驗時，也會特意去尋求所以成功的因素。而本書——「面對面的心理戰術」也就是要向各位讀者展示我在過去經歷中與許多前輩見面時，成敗因素探討的結果。也可以說，是我本身生活智慧的結晶。

我用「心理戰術」這句話，似乎是意味著我想依照己意地操縱對方。但事實上，能達到彼此心靈溝通的境界才是最重要的用意。

因此，我之所以採用「心理戰術」這名詞，爲的就是要將初見面的藝術以方法論的觀點做具體的討論。最終目的則是希望各位能重視第一次見面，製造日後見面的機會。

初次見面時須具獨特的心理準備與外交手腕

我有一位朋友為了要說服女友的父親同意婚事，毅然遠征九洲，但卻在初次見面時便敗陣下來，事情終告破裂。如果他能在事前多多了解對方的個性，針對他重視型式的特點，請位適當的中間人或是自己的父親進行遊說，事情也許不會搞得這麼糟，而對方對自己的印象也能有所改變。這樣，也不會落得事後追悔的下場了。

當然，他們結婚之後是否能夠幸福美滿是另一問題，我所提醒各位的是，初見面時心理戰術運用的拙巧，往往會改變一個人的一生。而由此，我們也可以看出，與人初次見面，是不能掉以輕心的。

我舉出這個例子，一方面是說明初次印象對個人的重要性，同時，也在强調事前準備的必要性。由心理學觀點來說，要有一次愉快的初會經驗，並不是一件很容易的事。

首先，人們會覺得這是一個相當緊張的時刻。同時對初會的對象也會自然而然地產生戒心就算你在見面前對對方已有了某種程度的了解，你仍然很難捉摸得到一些細微小節，以及自己談話的回應。

譬如，這時，你往往會產生像「對方是否會討厭這個話題？」或是「他會不會在意我這句話？」等不安的忖度。

尤其是對那些彼此社會地位、生長環境、價值觀、禮節習慣或說話方式不同的人來說，初次見面時，總難免會產生某種拘束不安的緊張心理。

但有時候，對方的心態並非一片空白，而已有某種成見或預計的態度。像推銷員那種還未開口便已吃到閉門羹的情形就是最好的例子。此外，也會因某種因素，使得對方在初見面時就想壓倒你而處於優勢。這也就是說，他已預備好某些心理戰術來對付你。像這樣，由交換名片到是否請自己坐下或是以何種方式招待自己的臆測過程中，便會產生初見面時獨特的外交手腕運用環境，甚或是一些無可避免的糾葛。

這樣看來，初見面時的最初幾分鐘，可以說是發現對方心理狀態、收集情報、掌握判斷情勢機會的決定性的重要時間。

因此，在這段時間內，必須要鬆弛自己原有的緊張情緒，使自己回復平靜。這就是所謂的使彼此關係融洽的心理療法（rapport）。也就是說唯有在彼此心靈溝通的情況下，一切心理戰術才能展開。

如果在這個階段，你成功了。那麼對方就會不知不覺地消除戒心，推心置腹地對你產生信賴感及安全感。如此，你們就能在很輕鬆愉快的氣氛下繼續交談下去。

使對方解除武裝的心理戰術

我因為工作上的需要，經常會與一些陌生人交談，也時時與因神經障礙而有深刻煩惱的人談話；有時，甚至會為了研究某種商品的購買動機而與人做深層且詳細的會談。

這些場合，都必須在初見面的短暫時間裏決定彼此的勝負。如果在面談初期，你對rapport的努力失敗了，那麼對方從此會提高警覺。相反的，你如運用成功，即使面談時間僅有一小時或一時半，對方也能開誠佈公地將自我核心問題提出討論。

這就像我們願意在值得信賴的醫生面前毫不在意地除下衣物般，對方也能毫不抗拒的除去那層戒備的外衣。

當然，身為心理學專家的我們，只要稍微注意一點就可達到預期的良好效果。然而，我們所使用的技巧，也都適合於日常生活中的一般場合。

過去，人們認為這些技巧只有經過高度訓練的專家才能運用，因此，一直被神格化了。事實上，我們大可擺脫特殊的專門性質，而將它們 應用在日常生活中，這也就是我所說的「心理戰術」。

而且，我一直認為：不管是如何優秀的技術，若不能用語言表現，它的價值會大大地減低。而自古以來，一般專門藝術技巧都必須要靠自己去擷取果實，絕不能守株待兔，等著專家們自動教導。因此，不管是什麼困難的藝術，千萬不要當成是自己完全沾不上邊的東西，而應該努力學習它們的精髓。這也才是技術學的基本意義。

固然，本書到底能不能將專家的心理理論全盤應用在日常生活中，我並不知道，但至少，我以為利用以上所說的這類基本觀念，可以使它們成為更具體、更實用的技巧。

雖然，前述的「面對面的心理戰術」並不是一門很容易的學問，但只要我們領悟到：初次印象的好壞具有影響人際關係發展的決定性意義時，對「面對面的心理戰術」的重視程度自然能大為提高。

本書如能為那些因初見面時緊張而縮小其交際範圍，無法建立良好的人們提供些許幫助，並帶給您於人際關係藩籬中的信心和勇氣。我也就感到無限的榮幸和欣慰了。

一、消除緊張、胆怯的心理戰術

前言

在每年升學、就業的旺季裏，我們經常可以看到神情緊張的新人踏進公司大門或是學校，對他們來說，要進入陌生環境時，的確會產生不安與恐懼的心理。雖然我們說：「初生之犢不怕虎」，但對一個全然不明瞭的世界，多多少少會感到緊張。我們在日常生活中，也幾乎天天經歷過這種情形。譬如與陌生人初見面的經驗，便不可避免地充滿了緊張與不安。

我在拜訪客戶、接洽生意、參加家長會或宴會時，每當見到陌生人，與他們交談時、心跳都會加速，而極想在首次見面時便能順遂如意。但很遺憾的，結果多半是失敗了。不安和顧慮緊緊封住了自己的嘴，而使輕鬆的態度卽刻僵硬起來，導致自己說不出想說的話。因此，我一向很羨慕那些在陌生場合不會畏懼不安的人，同時，也極想能在初次見面時便與對方一見如故，親密交談，獲得他人的好感。

事實上，他們在與人初次會晤時多多少少也會感到一點不安與胆怯，而且，也不一定是因爲他們有胆量、會說話而使雙方能夠很融洽地溝通意見。那麼，他們又具備什麼能力使他們得以克服心理障礙呢？其實，他們只不夠是懂得如何消除與人首次會晤時的緊張心理罷了。只要你細心觀察，你會發現一流的推銷員多半竟屬於木訥的個性哩！由這點看來，克服心理上的障礙才是最重要的前提。

所以，我們不需要去羨慕那些有胆量的人，也不必欽佩那些會說話的人。我們只要學習他們的技巧並運用出來就可以了。談到技巧，聽起來也許是件很困難的課程，但是胆怯與不安的情境完全是人爲所致。一旦你能克服基本障礙，我可以保證，沒有什麼困難的地方！

當你卽將與一位陌生人會晤時，你會不會將對方評價過高？會不會在未見面前，便爲他塑造了一個固定的形象，而對這虛像感到不安、胆怯？當然，你自己也會知道，所以會將對方塑造成一個可怕的怪物，完全起因於自己胆怯不安的心理。

本章所要介紹的，也就是告訴您如何消除胆怯不安的心理戰術，從而解除約束自己的因素。如果你能在心理戰場上得到勝利，那就意味著你能有一次愉快的成功的初會場面。

1 如果你懾於對方的聲威，在初見面時，可以藉各種方法貶低對方

在這個一切須決勝負的世界中，有所準備的心理與態度比自己的實力具有更大的決定性。如果你對對方的能力評估過高，在基本上，你的心智已經萎縮，在還沒有踏上戰場之前，已註定了失敗的命運。其實，何必受對方能力的威脅呢？就算是對方能力高出自己太多，只要你的心理處

在彼此的對等狀態，往往能出乎意料的發揮潛力，而制服強大的敵人。

就像高爾夫球、圍棋、象棋等類的職業性比賽，如果能穩定自己的情緒，在心理上勝過對方，於實際比賽時，往往能得到勝利。因爲賽前的心理狀況往往會在賽場中自然表現出來，而影響你的成敗。美國有一位職業高爾夫球選手托里比諾，在他與被稱爲「高爾夫球大王」的尼科拉烏斯比賽時，曾有過這麼一段趣聞：當時，心理上受到極大的壓力的托里比諾，偷偷帶著尼科拉烏斯最怕的蛇玩具，在賽場中突然丟了出來。這使得本來有著無限尊嚴的「高爾夫球大王」像個小孩般在賽場中驚嚇地四處亂闖。這樣一來，由於托里比諾見到了對方脆弱的一面，自己心理上的壓力解除了，而能以很輕鬆的心情參加比賽，終於贏得這場比賽。

誠然，托里比諾的手段並不光明，但被譽爲大王的尼科拉烏斯卻對托里比諾的心理戰術下了高的評價。據說，兩人從此以後，還因此成爲一對好朋友呢！又譬如某一位年輕棋手，在與前輩高手對局時，突然想起自己在訪問這位前輩時所見到的一副隨便的情景，而因此消除了心理壓力。像他這種手段，不但可以娛樂觀衆，同時也值得做爲初見時心理戰術的參考。

舉例來說吧！如果你事前懾於某人的聲威，而感到心理上受到壓力時，在彼此見面的時候，你可以仔細觀察對方的儀容、服裝及談吐，藉以發現他的缺點。一旦發現了他的缺點，你便能由被動的接受評價的立場轉而爲評估別人的主動地位，如此，壓力帶來的緊張自然而然會消除。換

如果你懾於對方的聲威，可以藉各種方法貶低對方。

句話說，在你觀察對方襯衫是否有污垢或西裝鈕扣是否脫落時，心理上自然會產生一種寬裕的感覺，而不自覺地建立與對方對等的新關係。

2在與陌生人初次會面時，大聲說話可以減低自己胆怯的程度

在兩、三年前的夏季，青棒賽的開幕典禮後，緊接著有一場比賽，被排定在這一場賽球的球隊，雖然在地區選拔賽中，已經歷過多次大戰的磨練，但乍臨巨大的球場，面對有數萬觀衆的浩大場面，每位隊員都緊張得臉色蒼白。尤其是首先輪到守備的投手，更有著莫大的壓力。本來，這種情形對一個球隊來說 非常不利。但教練採取的措施卻不得不讓人衷心佩

服。他指示投手在賽前練球時，故意投到背後的網上來個大暴投，然後自己與其他球員在旁相視大笑。如此一來，投手緊張的心情鬆弛下來了。因此能發揮出平常的實力而贏了這一仗。

以球隊的例子來說，雙方初見面時，便等於是開幕典禮後第一場球賽中的第一球。要消除剛開始緊張的心情，我們必須將自己已經畏縮的心靈與身體向外拋擲出去，使自己因此得到解脫。例如說，在與人初見面寒喧時，你可以提高音量，與人握手時，你也可以加重手勁。而以這種玩笑的態度來消除緊張的心理。

3 適當的打扮，能令你產生無比的信心

大家在進入高級觀光飯店時，都必定會西裝革履，注意自己的裝扮。但到附近的超級市場購買物品時，卻只穿著日常家居的服裝。這並不是說有那種不能穿便服到觀光飯店的條文規定。而是這些飯店的氣氛令你不得不收斂起平常的隨便，而重視自己的服裝儀容。

反過來說，穿著正式服裝的行爲，也可以說是一種預防被那種氣氛所吞沒的心理武裝。所以，你身上的西裝已不僅僅是件普通的衣服，同時也是保護心靈的外衣。換句話說，高價的服裝可以加强自我意識，產生一種與高級飯店能平等對立的效果。而你初次見面的對象的地位也就等於是這類觀光飯店，只要你身上穿有能與對方建立平等關係的服飾，便不致感到胆怯而輸了一著。

因此，只要你身邊能帶有足以令你擴大自我意識，增强信心的豪華飾品，便可以縮短雙方心理上的差距，最起碼，你也不致爲對方的氣勢所壓倒。至於日常經常見面交談的朋友，便像超級市場與自己的關係般，由於不須要擴大自我，因此在外表、心理方面，只要按照平常習慣與對方接觸，便可以維持彼此對等的立場。

4在見面前遇到不愉快的事時，即使距會面時間短暫，也應儘量做些令人愉快的事，使心情開朗

你在出門上班之前，若與妻子發生爭吵，毫無疑問的，整天的工作情緒都會遭到破壞。你會由於心情不好，連帶地對課長搖擺二郎腿的習慣感到不滿，而工友倒的茶也較往常來得苦澀。同時影響到對一切人的觀點，卽使是一位未曾謀面的客戶，你也會覺得自己並不喜歡他，而找理由避免接洽。

以上種種，當然都起因於出門前的夫妻爭吵。換句話說，這不愉快的心情會傳染到課長、工友與初見面的客戶身上，所有看到的與聽到的事物都會令自己不滿意。有些心理學家稱這種情形爲「感情同一性」，現在我們所舉的例子，便屬於一種不利的同一性。與這相反的，是有利的同一性，我們也可以用一種例子來說明這種同一性。例如今天聯考放榜，你的女兒金榜題名，那麼

心情不愉快，要設法轉煩燥為愉悅。

，平常非常在意的課長搖腿的動作在你眼裏會變得無可厚非，同時也會覺得今天的茶分外甘甜。

因此，我們在與陌生人首次見面時，必須要利用有利的同一性，使心情保持開朗、愉快地與對方會面，這樣自然能緩和自己臨場的緊張與胆怯。如果你喜歡撞球，你可以先到撞球場打它一局，如果你愛好繪畫，你也可以先到附近的美術館參觀。以培養愉快的情緒「論理哲學論考」的作者—哲學家史坦因（Stein）在思路阻塞不通時，往往會出門看場電影，藉以打通思路。相反的，如果你為某一問題費解時，一直關在書房中苦思，結果，膠著的情形會一直持續下去，而無法產生靈感，當然也就不會想出什麼好主意來。

而在現實社會中，那些能將工作處理得很好、擅與人交往的人也大半都懂得將不利的同一性轉而爲有利的同一性。

尤其是在與人初次會面的場合，更須要運用這種技巧。因爲要是在事前，你已有了不愉快的心情，你根本不會有興致去會晤一個陌生人，卽使不得不見面，也只能帶給對方不愉快的印象。所以，事前如果不幸發生不愉快的事，應該設法讓自己快活起來，轉煩燥爲愉悅。

5 如果你將要與一位令你感到胆怯的陌生人見面時，提早會面時間，可以消除胆怯心理

在我們卽將與一位具有社會地位、或是被認爲不好相處的人見面時，難免會感到胆怯。這是因爲那份不得不見面的義務感正在支配我們的心。遇到這種情形時，我們如能盡量提早見面的時間，便可以轉爲輕鬆的心情與對方見面。因爲情勢上遲早都須碰面，倒不如將時間提前，減短自己事前緊張不安的時間。

以心理學的觀點說，有二個理由可以說明這種策略的可行性。第一、縮短見面前的時間，可以避免不正確的對方形象。

通常，我們在與人見面前，都會做各種想像，猜度對方的外表、個性等。所以，見面之前時間拉得太長，很容易產生不正確的形象，而在「不會是這樣」，「也不會是那樣」的多次擬度中

，自然將對方固定在某一模式中，而有了不實的虛像。從而按照心中的形相做會面的心理準備。這樣，在見面後，一旦發現對方的種種與自己所想的不相符合，便無法直接接受對方。因此，爲了預防這種情況，提前見面是很有效的方法。

其次，將見面時間提早，也就等於表現了自己積極的主體地位。在心理學輔導中，有所謂「指示療法」和「非指示療法」，重點卽放在主客體的地位上。例如在通知治療日程時，給病人「請於某月某日某時受診」的指示，這樣，輔導醫師成爲主體，而病患則退居客體。這就是所謂的「指示療法」。而依照這種療法繼續治療過一段時間後，病人會慢慢習慣自己被動的狀態，增加對醫師的依賴心。結果便無法經由自我意志澈底克服心理障礙，如此長期接受醫師單方的治療，病情絕不會有很大的進展。

相反的，「非指示療法」主要就是强調病人爲主體的立場。在通知病患接受治療時，醫師往往會說：「某月某日某時，我有閒暇」。這樣一來，病人會完全出於自由意志地接受治療，而醫師只不過是一種陪襯而已。換句話說，病患爲主體，醫師爲客體。結果，過去一直沒法治療的疾病會因此快速的痊癒。所以，現在世界各地，已將這種「非指示治療法」做爲精神障礙的治療主流。

同樣的道理，在與人初次見面時，只要以自己爲主體，與對方見面，自然不會感到胆怯不前。

6踏出輕快的步伐，心情會隨之輕鬆

相信大家在日常都能感到在心情輕鬆時，走路的步伐就會輕快，相反地，若意氣消沉，步伐也會隨之沉重起來。某一位作家在成名之前，總是以輕快的步伐踏進出版社推銷自己的作品。因爲要進入一個完全沒有人事背景的陌生出版社，心理都會有些惶恐。而輕快的步伐卻能在無形中增強自己的勇氣。

依照心理學的觀點來說，這同時也是一種減輕會面時不安情緒的方法。心理學者詹姆斯蘭格曾經說過這麼一句話：「人並不是因爲傷心而哭，而是因掉淚而傷心。」這是認爲人類在受到刺激而意識到身體的變化時，會引發忿怒、悲傷的感情。事實也證明，當我們不愉快時，如能採取一種由於快樂而引起身體變化的行動，心情自然能開朗起來，相信這是各位在日常生活中經常經歷的事。

如果你已經知道人類有這種心理的微妙變化，那麼，你也應該推知在我們與人初次見面時，若步伐沉重，會更感到不安，但步伐較日常輕快，心情自然也能輕鬆，進而緩和自己不安與緊張的心理。

7約會時，若能比對方早到，便不會感到胆怯

自古以來，「不守時的人絕不可靠」的觀念根深蒂固地存在人們心中。事實上，這並不僅僅是道德問題，在心理上，它還能給人很大的影響。因爲如果你遲赴某一約會，你必定要向對方道歉，這樣，它就成爲你自己的心理負担。尤其在面對從未謀過面的陌生人時，這句「很抱歉」將會帶給你很大的不利。你會由於歉疚而隨之萎縮，如此，便影響了整個會晤的過程，而可能將一切搞得混亂不堪。

一位十分能幹的業務員曾經告訴我，當他與客戶約定時間見面時，必定比對方早二十分到達約定地點，而利用這段空檔重新斟酌與對方談話的內容。因此，無論是什麼難纏的客戶，他都能應付自如，毫無困難地說服對方。

他這種做法可以說是很正確的掌握了人類的心理。因爲事前有了妥善的準備，自然會產生無比的信心，使自己在心理上先占有優越的地位而不致胆怯。而且，只要對方稍稍遲到一會，我們的優越地位會更堅固。這樣，便能輕而易舉的掌握住見面時的支配權。

8眼睛位置高低一致，才能建立對等的關係

人類眼睛位置的高低往往會影響到人際關係的平衡。譬如：我在加洲大學研究心理學的那一年中，認識了一位同樣鑽研心理學的同學，身高超過二公尺。我雖不算太矮，但一與他站在一起，便如同成人與孩童般，高度差距相當大。所以當我第一次見到他時，他那高高在上的俯視眼光帶給我很大的壓迫感，也因此引發我盡量避免與他交談的心理。

由學習課程來說，我們同樣是研究心理學的學生，彼此應該是互相對等的。但是卻由於雙方眼位高低的差距而使得我在無形中，處在較不利的情勢。平常，父子之間也會有類似的關係。當子女還幼小時，父親絕佔有優勢。但等到子女們的身高超過父親時，父親以往的優勢地位便會逐日動搖。

像這種物理條件的差異，往往會在人們的心目中形成一種長幼輩的劃分關係。並且，高低差異愈大，優劣位的差距也就愈大。因此，在與某人初見面時，我們往往會因意識到眼位的高低而將自己逼退到劣位上，這樣，也就難怪我們要感到胆怯了。同時，對方的社會地位、年齡與眼位成反比時，也能使我們產生自卑感。

而這種胆怯與自卑，正是造成初見面時障礙的原因。我們先撇開其他條件不談，至少，我們

必須要消除由眼位高低產生的優劣關係，才能與對方平等相處，至於解除這些問題的方法，便是大家找張椅子共同坐下。因爲，大家一坐在椅子上，都不太會注意彼此身高的差距。即使有明顯的差距，也只是以坐姿調節高度即可。所以，我在參加宴會時，都不願與初見面的朋友站著談話。我必定會請對方坐下後，再開始談話。這也就是爲了讓雙方都能免除不必要的緊張，而使談話的氣氛更加融洽。

雖然我與那位同學，一直保持著友好的情誼，但在談話時，我仍會請他先坐下。尤其是在彼此發表個人意見時，坐位所帶來的影響更爲顯著。如果我們站著交談，我會在不知不覺中受他的意見所左右。這樣看來，這純然是一種爲了建立彼此對等關係而不得不採取的一種戰術。

9 盡量選擇自己所熟悉的見面場合

第二次世界大戰之後，美蘇陷入了非常嚴重的「冷戰」情勢。爲了打開這種膠著的僵局，甘迺迪與赫魯雪夫曾召開了一次高階層會議，據說爲了決定會議地點，雙方曾互不相讓地爭執過一段時間。最後採取了折衷方法，決定在中立國奧地利的維也納召開二個會議。

你也許會問：他們爲什麼要這麼重視開會地點呢？這是因爲造成人與人見面的情勢，除了當事人的人品、能力等因素外，還有當時環境以及外在種種條件的影響。像我們所知道的職業棒球賽就是一個很好的例子。譬如輪到巨人隊和阪神隊出賽時，巨人隊會喜歡在後樂園舉行，阪神隊則希望能在甲子園比賽，這是因爲他們都希望能在屬於自己適應範圍的領域內，充分發揮自己的潛力。當然，觀衆的歡呼聲與隊員對球賽的適應性都能影響到比賽的勝負。但更重要的，是那種眼睛無法看到的獨特氣氛；因爲這種獨特的氣氛會很微妙地在兩隊選手心中反映出來，而支配他們的表現。

所以我們在與人初次見面時，最好也能選擇一個自己習慣熟悉的地點，即使不能做到這點，至少也應要求在一個雙方都未曾到過的地方，也就是一中立地帶見面。這樣，才能消除自己心中不利的情緒。

10 如果在面對對方時感到胆怯，你可以注視對方的眼睛，這樣就不致於被壓倒

某公司在遷移到一座新建的大廈辦公之後，工作效率卻反而降低了。這使得經營者非常傷腦筋，同時也想不出個所以然來。按照常理判斷，這座新建築較以往的辦公地點有更好的光線，而且面積也較寬濶，加上各項完善的設備，應該可以使工作效率大大提高，即使不能提高也絕不會降低。

然而，事實卻顯示，他們的效率有大幅度的降低。於是，公司開始尋查造成工作效率降低的原因，結果他們很意外地發現，問題就出在那一大片爲了多方採光而設計很寬廣的玻璃窗上。由於外面的情形一覽無餘，反而使裏面工作人員有種外面的人正在看著自己的錯覺，而感到渾身不自在，因此降低了工作效率。這種情形，對那些在能由馬路上清楚看到二、三樓室內辦公的人們來說，更爲顯著。結果，這家公司只好用百葉窗遮住外頭紛擾的情形，以維持員工的工作效率。

「看與被看」的關係，在動物羣中，是很微妙的。一般說來，在雙方對視時，較弱小的一方會先將眼光垂下，一直覺得比自己强的對方正在觀察自己，發現自己的弱點，這樣一來，也就爲自己劃定了一個較不利的地位。而他們之所以會因被看而感到不自在，也就是因爲他們處在劣位而感到不安的緣故。同樣的，在雙方見面時，如果因爲胆怯而低下了頭，那麼，便等於將這場合的支配權讓給對方。因此，要建立彼此對等的關係，至少要將自己安置在看人的地位。所以，如果你覺得自己極有可能會被對方壓倒而感到莫大壓力時，你最好能注視對方的眼睛，如此，在說話時也就不會有什麼阻礙了。

11開門見山地提出重要問題，較能緩和緊張的心理

我有一位從事攝影的朋友，綽號叫「脫衣名人」。在他面前，不論多麼著名的女星或是電視

演員都似乎被他的魔力所吸引，而任其拍攝自己的裸體照。也許有人會說那是因爲他具有說服女性的好口才。不管他的攝影技術如何，他本身的容貌、談吐自然具有一種能令女性出於自願行動的魅力。爲了了解個中眞情，我曾問過他爲什麼會具有這種魔術般的吸引力。沒想到，他的回答卻出乎意料的簡單。

他說，他對第一次來到攝影場的人，開頭第一句就說：「我今天要拍你的裸照。」將自己的目的明明白白說出。如果你由此判斷他是一位很有胆量的人，那你就錯了。我所了解的他，是一位胆子極小的人。可是，他卻能爲了消除自己臆測「他是不是會答應我」或「我要如何說服他？」時的緊張與不安，開門見山地說明目的。

的確，只要我們將造成緊張與不安的原因坦白說出，便能消除心理的障礙。而這種緊張不安的情緒一經消除，不管對方的聲勢如何龐大，名氣如何顯赫，也都能輕鬆自如地與對方交談。同時，這種直觸核心的態度也能緩和對方不安緊張的情緒，而達到本來目的。

12 以緊張時說「緊張」、失敗時說「失敗」的自嘲方式解除緊張的情緒

爲了表示兩人初見面時尷尬的局面，電影與電視往往利用兩人極力思索話題而卻又說不出話

的畫面，來達到表現的效果。例如在雙方都想不出什麼話好說的相親席上，當一方正想說話時，另一方也正巧開口，結果，雙方都很不好意思的將話吞下，過了一會，好不容易想到該說什麼話，卻發現又像方才一樣，對方也正想說話。這在旁觀者看來，雖然像一幕喜劇那般惹人發笑，但當事人雙方，卻是尷尬萬分。然而，在一次這類的場面中，一位純良的男性為打開這種僵局，說了句「我們的呼吸倒是相當配合呢！」這使得女方—包括相親本人及陪伴在側的母親—都笑了起來。也就因為這一笑，沉悶的氣氛逐漸消散，而他們也終能在融洽的情況下交談。

當然，在初見面的場合中，因緊張而導致一切不須遂，這並不足為奇。但最主要的關鍵卻是你由於怕緊張而更加緊張。為了避免發生這種情況，我們必須要能夠反觀自己，也就是站在旁觀者的立場觀察自己。所以，當我們緊張或遭遇失敗時，乾脆當場說出自己的感受、嘲笑自己。例如你在說「我一緊張，便像酒精中毒一般，雙手抖個不停」之後，手自然會停止發抖，而緊張的心情也就平靜下來了。

13 在見面之前，先讓「強我」與「弱我」對談

你是否曾經發現，同樣是初見面的場合，有時能夠談笑自如，有時卻是在怎麼想也想不出該說什麼話？我們都知道，凡是人都有面臨成功與失敗的時候。所不同的是，較樂觀的人會認為自

己成功的機會多。而悲觀的人則以爲成功總與自己無緣。所以，只要稍爲留心一點，便可以發覺那些看似擅長交際的人們在面對面的場合中可能也有過多次失敗；而那些較孤僻，不喜與人結識的人，事實上也有過成功的經驗。

然而，雖是勝負無常，我們仍可以靠智慧技巧扭轉情勢，讓自己在初見面的場合中獲得更多的勝利。我個人覺得，以上所說的兩種類型都能減低面對面時的成功率。因爲樂觀的人多半肯定現實而不願承認失敗；悲觀者則多否定現實而摒除成功的可能性。他們都是只因自己經驗的某一層面，在無形中將自己定型了。

但是，人類的本性並不僅僅如此單純。實際上，它們既有樂觀的時候，也有悲觀的時候，同時，也都兼含有堅強與懦弱的本質。在同樣的場

與陌生人見面時，先讓「強我」與「弱我」對談。

合中，之所以會有不同的反應，那只是因爲自己緊張與畏懼失敗的心理，將整個心態逼到了某一格式中，跳不出來；另外，沒有基點的逞强與不必要的不安，也都能動搖自己穩定的心靈。所以，在與一位陌生人初次見面時，爲了維持自己心態的平衡，便須在下意識中讓强大的自我與懦弱的自我先行對話一番。這樣，想著自己「可能失敗」的弱我就會在與對方見面時提高警覺，注意一些應注意的事；而說：「我會成功」的强我也能儘量製造有利的局面。因此，只要經過這般心靈的對談，堅强的自己與懦弱的自己自然能彼此監督、彼此輔佐。那麼，不管對方是如何厲害的人物，自己也不致害怕了。

14 在感受到對方壓力時，在紙上隨意塗寫，可回復自信

史達林與戴高樂在第二次世界大戰期間一直是操縱世局的領導人物。在戴高樂的回憶錄中，曾提到兩人在一九四四年十二月於莫斯科會談時，史達林始終俯視地面，並且用鉛筆在紙上像寫象形文字般亂塗亂抹。當然，我們無法探知史達林在這種虛虛實實、勾心鬪角的會談席上亂畫的眞正用意。但由當時據說對戴高樂較有利的局勢判斷；他可能是爲了不讓戴高樂的威勢所迫，而採取了這種防備的心理戰術。

在雙方初次見面的場合中，這種亂塗亂畫的動作帶給人們心理上的影響可分對己與對彼兩方

面。對自己來說，這種無規律的動作可以緩和臨場的緊張，從而恢復信心。例如大戰前的日本女性在相親時往往會拚命扯榻榻米；像這種在緊張時隨意摸身邊的物品或是踩踩脚的動作，都是藉由身體的活動以鬆弛緊繃著的神經的無意識動作。他們與隨意塗抹實具有相同的用意。

但是，如果你在紙上所寫的，是對方說話的內容，那麼，情況就會整個改變過來。因爲你這樣做，等於是承認了對方的權威性，而不知不覺中被對方壓倒。

至於對對方心理形成的影響，則是擾亂對方的心情。對方看到你這麼一面亂畫一面聽，便會聯想到你並沒有用心聆聽，而覺得你瞧不起他，這也就等於承認你是位大人物，同時也會使對方產生一種不安的心理，懷疑你到底是在整理自己說的話，還是在準備提出反詰？

除此之外，你也可以採取一種思索的態度。當對方問起你難以回答的事時，你也可以說：「對不起，我沒有聽懂！」加以敷衍過去。換句話說，這種亂塗或思索的態度可以做爲自己與對方之間的緩衝物。也許有人會認爲這種手段不太高明，但事實上，在接洽生意時，雙方必須做各種複雜且瑣碎的交涉，如果採取正面攻擊的策略，往往會吃大虧。所以，這種心理戰術有時是必要的。

15事前找出自己比別人強的優點，以消除不安的心理

剛剛去世不久的東京玉川學園園長小原國方是以獨特的教育法而聞名日本的。他曾說過：

「即使再怎麼不學無術的人，也都有他的特殊能力，所以，最重要的是每一個人絕對不能喪失信心」這也就是園長「全民教育」主張的重要支柱。而依照深層心理學的觀點，我們也可以說這正是在說明「信心」的功用。

人在感受不安時，不管什麼因素，情緒都會愈來愈沉重。尤其是在初見面的場合中，些許的不安會因處理不當而慢慢擴大，進而不能沈著地表現自己。如此，也就無法給對方留下良好的印象。到最後，終會陷入不安的惡性循環中，甚至產生一種對人的恐懼症。

切斷這種惡性循環的特效藥，就是「信心」。正如小原園長所說的，每一個人都有他獨到的優點，而且在這特能上，絕不會輸給其他人。所以不管你所具備的優點是大是小，在即將與他人初會前，最好能回味回味，以建立自己的信心。

由於在初見面時不安的緣故，大多是認為自己太過渺小。所以要消除不安，首先就要除去這份自卑感。而消除自卑感的最好方法，也就是找出自己勝過對方的地方。

即使你在事前還無法消失自卑感，你也可以在正式見面時作諸如「這個人怎麼只喝一杯啤酒臉就紅了？眞是……哼！要是我……」之類的想法，設法找出自己比對方强的地方，這樣便能在不知不覺中消除心中的畏懼與不安，而充滿信心地與對方交談。

所以只要你能設法割除這不安的惡性循環，不管初見面的對象是什麼人物，你都能在心理上，與對方站在相等的地位。如果你處理妥當，自己還可望處於優勢呢！

16當你想到「對方同樣也要與陌生人見面」，便不會胆怯了

在體育界中，每當選手遇到危機時，往往會想：「在自己痛苦時，別人也在痛苦。」也許有人會認爲這只不過是一種心理作用，但這種想法，的確能克服在危機中所帶來的絕望感。因爲你在遭到困難時，多多少少會感到氣餒，這樣一來，便絕難有成功的希望了。但「自己雖痛苦，別人也同樣痛苦」的想法卻能使自己與對方站在一平等的地位，而在心理上產生一種不願輸給對方的鼓勵作用。

找出強人的優點，以消除自卑心理。

如果你在還沒有見到對方時，便感到胆怯的話，可以應用上述的想法。假如你遇到了一位在社會地位、能力、家庭環境等各方面都比自己强的對方，也不必要有太重的自卑感。當然，要各位在這種情況下不感到自卑，是很不容易的事。但是，你卻沒有想到，至少在同樣面臨初見面場合的基準上，雙方是平等的；這也就是說，在這前提之下，誰都不輸誰。倘若你忽略了這點而只顧胆怯，那麼在這場商談中，往往會被對方的其他條件壓得喘不過氣來。

17 只要你認定自己是要與一個「人」見面，便不會因對方的地位與頭銜感到自卑

就讀大學四年級的A君，在參加就業面談的前夕，到我的研究室找我。

他在說明了詳細經過之後說：自己在經由哥哥朋友的介紹要與該公司的前輩見面時，一點也不感到緊張，也沒有受到太大的壓力，因此能夠以輕鬆的心情說出心中的話。但是，對於明天即將晤談的總經理，卻先已有一種畏懼感，而覺得不安。

於是，我告訴他：人們在面對一個不認識的人時，往往會特地去注意對方形式上的地位與頭銜。其實，這些地位與頭銜，便如同衣服般，是一種外表的修飾。不幸的是，它們往往是造成心理壓力的原因。但是只要你能想到，「如果把這層外衣脫除，那麼我們豈不都一樣嗎？」就會發

覺每個人實際上都站在平等的地位，也就不會感受到太大的壓力了。所以在與人初次見面之前，如能了解到這一點，便絕不至於會被對方的地位頭銜唬住，而產生不必要的畏縮心理。結果，A君終於順利地通過面談這一關。

18 只要認為初次見面是為下次見面做準備，便不會緊張

外國人常說日本民族是一個「緊張的民族」，認為日本人具有一種無論什麼事都非緊張不可的民族性。當然，造成這種民族性的原因很多，其中求勝心切是很大的一環。譬如說參加奧運，便想得到所有的金牌；參加任何考試，也抱有非錄取不可的心理；甚至於才與人初次見面，便恨不得馬到成功。換句話說，他們對成功的欲求太强，怕失敗的不安心理也就相對增加。結果，徒然產生不必要的緊張，而牢牢的約束自己。

這樣，往往發揮不出平常的實力，而得不到預期的效果。我們知道，要圓滿完成一件事，適當的緊張感固然需要，但如太强烈了，心理便會失去平衡；肌肉、心智也隨之僵硬，無法靈活的應變，而導致失敗。

所以，在覺得自己正感緊張時，千萬不要太在意成敗；而在與人初次會晤時，也不要抱著勢在必得的想法，只要將這次的聚會當成是下次見面的預備場合，便能減少許多不必要的問題。並

且，由於心情已放鬆，你往往還能在初見面時有所收獲呢！

19「這是最後一次」的想法，可以緩和過度的緊張

我因爲參加各學術研習會的緣故，經常到國外旅行。在旅行期間，多半能與剛結識的外國人融洽地生活在一起。當然，我們之間也有一般的語言隔閡，但靠著手勢的溝通，卻也能使我們很快地打成一片。有時，甚至還比同一語言，同一習俗的國人更易相處呢！

這是爲什麼呢？我想，這可能是身在國外，較無顧慮的因素使然。就像我們在旅行地會做平常不敢做的事一般，都是因爲抱有「反正這是最後一次」的想法，將心靈的桎梏都給打開了。所以我在國外時，常常想到「我可能再也沒有機會見到他了」，而往往，這種想法消除了我與他們初見面時的侷促與不安，使我們都能夠輕鬆愉快的相處。這也就是說：「反正這是最後的一次聚會」的想法反而會產生平常所不易產生的親密感。而這種態度上的改變，不僅對外國人有用，就是在國人初會的場合中，也相當管用呢！

20第三者的情報是了解對方的重要資料

我們在與人初見面時如要多認識對方，第三者的情報是很重要的。尤其是這面談具有很重大

的意義時，更須在事前多方收集有關對方的資料。但是，我們所要的是對方那一方面的資料呢？有關這一點，我首先說明如下：

最重要的，我們必須要握有對方具體的資料，諸如出生地、經歷、家庭狀況之類。至於其餘客觀資料，便不用太過重視了。我們在從事心理協談時，時常會發現，接受輔導的對象主動前來或經人介紹兩種情形之間，事前情報的準確性有很大的差異。誠然，在事前先握有第三者提供的資料，可以節省我們從頭收集的時間精力。但如遇到介紹人對約談對象有偏見時，他所提供的資料，可信度要大大的降低。所以，身為輔導人員的我們，都必須很謹慎地分辨出介紹人提供資料的主觀性和客觀性。

而當介紹人與約談對象之間有微妙關係時，情況就更有趣了。例如有一位母親要求探討其子

收集對方資料時，必須注意提供者與對方之間的關係。

女不願上學的問題，他所提供有關子女的直接資料便不太可靠。正面探討往往得不到結論。反而是由母親提供的資料了解母子間的關係，找出癥結要重要得多。

同樣的，我們在收集對方資料時，也必須要注意提供者與被提供者之間的關係。爲了得到對方的活情報，與他有關係的人便是最好的情報提供者。雖然我們著重在對方的具體方面事實，但由資料收集中反映出來的人物評價，可以使我們進一步了解他的人際關係。

21 一些資料或記事本可挽救談話中斷時的尷尬情況

卽使雙方都在努力著使談話持續下去，有時也會有中斷的時候。而當自己的話可能傷害對方，破壞對方的情緒或使對方不感興趣時，這種中斷更容易損害彼此的關係。

要補救這種談話中斷的尷尬場面，最好的方法是利用自己所隨身攜帶的資料、記事本之類的東西。一般來說，人們對別人的小動作都非常注意。在看魔術表演時，我們都能很清楚地看出魔術師將手插入衣服口袋。但在他取出手帕拭臉之後，如何再由口袋中拿出東西，卻無法看出。觀衆上當的原因也就在於這一連串的動作具有使觀衆心服口服的意義。同樣的道理，在因談話中斷而產生的空白無意義的時段，可以由具有意義的行爲來補充，而使對方不至於感到這中斷毫無意義。例如取出身上的資料或是記事本看裏面的記事，可以賦予這空白時段一種特殊意義。

22在被問及難以回答的問題時，可反問對方其他有關連的事

在與一位外國人初見面時，由於語言上的隔閡，溝通發生困難，會引發一種談話主導權被對方掌握著的心理弱點，使原有的緊張與不安感更爲加强。這時，你若覺得自己握有主導權，便自然不會緊張了。

同樣的，在與國人面談時，如果談話主導權在於自己，便可緩和心理上的緊張。但如由對方掌握，自己往往就不能輕易地說出想說的話。假如對方不懷好意，存心整你，便很可能提出你難以回答的問題，藉以維持自己手上的主導權。大部分人在遇到這種情形時，多半會極力思索一個回答的方式或答案，殊不知，這就上了對方的當。

其實，我認爲，這也就是反擊對方的最好機會。我們可以不必針對問題本身做正面的答覆，卻要相反地，以其他有關連的問題反問對方。這就是所謂的「轉化法」。一般會說話的人多半懂得利用這種方法來掌握自己的主導權。

23萬一失言，可以提到其他人事物轉變話題

誰都有過失言的經驗。而這對面對面，尤其是相親的場合來說，更是糟糕。當然，這問題並

不主要在失言時，心裏喊了聲「糟了」的瞬間，血液卽刻上升，使自己越補救越糟。這是因極度緊張而陷入了一種視野狹窄的心境中，這時，意識完全會集中在「我說錯話了」這點上，而看不出該看得清的事。這實在是頂糟的一件事。

這時，如果你一直在意著對方的想法，或是極力想忘掉自己失言的錯誤，得到的都是反效果。因爲你想忘記的意識本身便具有加强作用，因此跌入了心理的陷阱中。事實上，你如果不想再提這件事，只要想別的事便可將注意力轉移到其他方面。對於這點，我在拙著「自我暗示術」中已詳細介紹過，不再贅述。現在只舉個例子來說明：譬如圍棋棋士石田秀芳在下棋時，一旦感到「糟了」時，便會想其他與圍棋無關的事。他會想到去打場高爾夫球、搓搓麻將、或是怎麼裝飾室內的花，這樣一來，在短短的時間內，情緒便會逐漸穩定下來。所以，這種方法可以說是消除失言時緊張的最好秘方。

24 以慢動作鬆懈緊張的心情

一位担任企業公司人事部主任的朋友，曾經告訴我一句話，他說：「最近的學生雖然在各方面都有了改變，但面談的態度卻仍是老樣子。」這也就是說，雖然面談本人以爲自己已完全放鬆心情了，但在不知不覺中，仍會慢慢緊張起來，使得速度加快，動作也十分不自然。

在此，我建議那些卽將參加就業面談的人們採取慢動作的方法。這也就是要各位盡量放慢動作，無論走路、開門、鞠躬、坐下、說話等都慢慢地來，而且愈慢愈好，就連自己都懷疑到速度這樣慢是否可行也不打緊。如此，便可以使自己回復平常沈著的態度面對眼前的一切。

這原理便是讓我們將心志集中在自己慢吞吞的動作上而忘卻面對面時的緊張與不安。在心理學觀點上，屬於一種交替作用。主要就是以平常並不習慣的動作代替因初見面產生的緊張感，從而緩和情緒。

25預備好失敗時的對策，即使對方不懷好意，也不致被打倒

幕府末期，以薩長爲中心的官軍在各國歸服後，卽將攻擊江戶時，官軍代表西鄉隆盛與幕府代表勝海舟曾舉行會談，企圖打開難局。當時，官軍有很强盛的聲勢，這使得一直採取守勢的幕府當局感受到很大的壓力。在這種情況下會談，很多人預測：西鄉會仗勢堅持己方主張，而德川幕府到最後也必定會歸降到官方。

但是，他們萬萬沒有想到，幕府代表勝海舟對此次會談已有了萬全的心理準備。他認爲江戶一旦落入官軍手中，便會變成灰燼。旣然江戶遲早會成一片火海，倒不如由自己先行放火，混亂敵人陣線，逼迫他們陷入窮境，而事前則必須讓一般無辜的老百姓走避到安全的地點。所以，勝

海舟便部署部下，到各地做妥善的安排。這與俄國火燒莫斯科困住拿破崙的戰術，有異曲同工之妙。

正由於他有這種決心與準備，所以在與西鄉面談時，一點都不害怕地堅定立場、毫不退縮，結果使雙方達成協議，而江戶也不致成爲火海。這可以說完全都是勝海舟努力的成果。而衡諸今日，我們在不利的情勢下要與對方見面時，也可以採取勝海舟這種態度。

這也就是說，事前有了萬一失敗時的妥善對策，心裏自然能寬舒，而這種寬舒的心態便能使自己不致在不懷好意的對方面前退縮。

預備好失敗時的對策，卽使對方不懷好意，也不致被打倒。

26初見面時要留下好印象的關鍵期在最初十秒鐘

大家都認爲，第一印象有它不可忽視的重要性。根據社會心理學者阿蘇等人的研究，單憑第一印象來評定對方賦與印象的人，往往會將日後的情況當成錯誤或意外而加以否定。換句話說，後來收到的情報不但不能改變第一印象，反而會加强第一印象。

由於人們在心理上都有這種反應，所以爲對方留下一好的印象，非常重要。而對方要判斷自己從而形成其印象所需要的最長時間僅有十秒。因此，在見面後的十秒內，如果表現良好，便表示你這次初見面已操有勝算，卽使以後有什麼事讓對方知道，他也會因第一次印象而往好的方面想。這豈不是件很佔便宜的事？

有良好人際關係的人都懂得以親切的笑容有效地利用這最初的十秒鐘。當然，這包括與生俱來的個性因素，但實際上，要做到受歡迎的地步，並不是件很困難的事。只要我們在這短短的時間內，能懂得採取適當的態度，展露我們的笑容，相信都能渡過製造第一印象的第一關。

二、攻入對方心理堡壘的戰術

前言

前一章我已大略敍述了在初見面時如何放鬆自己，在面對對方及當場氣氛時不要胆怯的要領。然而，在複雜的人際關係上，初見面時，並不光具備這些要件便能進行順利而達成目的。因爲彼此都站在同樣的立場，那種緊張感與警戒心也都是毫不留情地約束住雙方。

序文中，我曾經提過一種使雙方融洽，進而促進雙方了解的心理療法（rapport）。而在我們心理學者做一般心理輔導時，也都注意這問題，儘量讓對方放鬆心情，消除他本身的心理障礙。只要彼此有這種 rapport 式的心與心間的溝通，那麼，心理輔導的面談本身可說已成功大半。

當然，我們之所以會與一位陌生人見面，都會有相當的理由，同時也有某些必須達成的目的。而這些目的多多少少是需要對方能夠接納自己。如果只憑單方面的努力，而另一方面的心靈無法開啟，也就沒有辦法充分溝通。這就像人們所經常比喻的「卽使能把馬帶到河邊，但也無法使一匹不想喝水的馬喝水」般，卽使能將對方引入初見面的場所，如果不能打開對方的心扉，一切努力終成泡影。

本章，便是要介紹一些爲了打開對方心扉所做的心理準備及心理戰術運用的技巧。但是，基本前提，必須要能承認對方的存在，尊重對方的人格。而不是想盡辦法將對方視爲傀儡般地予以支配。就像第一章所說的，將自己本身的心理問題投映到對方，站在對方的立場多方面設想，才是建立和諧的人際關係的基本條件。

但是，就算你能尊重對方，設身處地的爲他著想，如果不能將這種態度傳達給對方，這一切也就失去了意義。在初見面時所以會產生不自在的現象，便是因爲缺乏這種能以很自然的型態將自己的關懷傳給對方的技巧所引起。

因此，本章所要敘述的，就是使對方接納自己的心理戰術。目的在於開啟對方的心扉。只要我們能在關心對方的基本體認下，再稍微注意自己的心理因素，那麼，初見面的目的也就完成大半了。

27爲得到對方的共鳴，必須裝成對對方的話有所反應

要想引誘初次見面的朋友說話，首先必須讓對方能有愉快的心情。關於這點，最好的榜樣就是在電視台或廣播公司服務的主持人或播音員。一般人總以爲他們是談話的高手，事實上，他們比一般人强的也只不過懂得如何運用心理戰術，使談話對象心情愉快。

就拿以前我經常參加的NHK電視節目「生活的智慧」主持人之一酒井宏先生來說吧！因爲他能在我說話時頻頻產生共鳴，使我有種自己的話很令人感動的錯覺。在正常情況下，人們在受到

為得到對方的共鳴，須先對對方的話有所反應。

這類感動時，都會很樂意地、誠懇地回答對方提出的每一個問題。我也不能例外。換句話說，他先行表示了自己的感動，而引導我說出更多的話。

另一方面，要與對方建立良好關係的基本條件便是須以同情共感的態度爲基準，來了解對方的煩惱與要求。這種了解就是心理學上所謂的「共鳴」，也稱爲「移情」。但問題的癥結卻是在如何才能產生共鳴上。如果自己設法對對方產生共鳴，對方同樣也不能與自己共同反應。所以，這種僞裝回饋的戰術是必須的。事實上也顯示，這種情況一直下去，有時會弄假成眞，彼此都能達到眞正共鳴的境界。

譬如名主持人小川宏、八木二郎等人都很擅長這種共鳴情境的製造。身爲心理學家的我，明明知道他這只是一種戰術，也會情不自禁地中其圈套，說出自己原本並不打算說的話。至於那些不明白箇中道理的人們，更是如此。當然，他們也許並不特意施行這種戰術，但是在對方或是自己說話之後，得不到回應的情況下，彼此之間的交談的確不能順利展開。

28與其讚美對方本身，倒不如讚美他過去的業績或是身上戴的飾物

我在與一對夫婦結識一段時間後，卻反倒與做妻子的女性較親密些。當然，這不會是那種足以引起他人誤會的關係。我本來是他先生的朋友，後來之所以會擴展為整個家庭間的交際，關鍵全在於我在宴會中首次見到這位太太時所說的一句話。

當時，經人介紹後，我一時想不出適當的話題，便隨口說了句「你這項鍊墜子好漂亮！」原想就此應付過去，卻沒想到它發生了始料所不及的效果。因為我本人對女性的裝飾品完全外行，所以只是隨口說說，但對對方來說，這只能在巴黎的商品街（Nortre Dame street）才能買到的項鍊墜子是他所珍藏的飾物。如今，受到了他人的讚賞，在高興之餘，即刻以此為題與我交談，而終至成為我的狂熱支持者。

這只能算一次僥倖的成功。事後我想，這完全是因為我當時在無意中恰當地讚美對方的緣故。要知道，讚辭本身便相當於一把兩面有刃的利劍，可以改善人際關係，同時也能使關係惡化。

而適當的讚辭也就成爲使人際關係渾融的潤滑劑。但如說得過火，卽會使對方窺透自己的虛僞與用心，而受到對方的輕視。

那麼，在初見面時，應該用什麼誇讚的言辭才有效果呢？對此，我們不須針對對方的人品與性格發辭，最重要的是要對其過去的實績、行爲或是身上的裝飾品等已成型的具體事物做適當的讚美。當然，你在說「你這人眞好」時，也許眞發乎眞誠，但僅僅見面的短時間內，你又怎知道呢？這樣便容易使對方產生懷疑及戒心。

但如果誇獎對方過去的實績、行爲，情形就完全不一樣了。因爲這種旣成事實的評價，與彼此交情的深淺毫無關係，對方也較能接受。換句話說，我們不必要正面去誇獎對方，只要做有關的「間接誇獎」，在初見面時較能收到效果。如果對方是位女性，那麼他身上的衣物或飾品便是我們間接誇獎的最好材料。

因此，當我們了解這種「間接誇獎」的效用後，與其毫無準備地去應付一位初次見面的人，倒不如在事前先行找出「間接誇獎」的對象。有了這種準備後，對方往往會因爲你一句讚美的語辭而毫不保留的坦開心胸。

29 誇獎的語辭要能滿足對方的自我意識

我有一位担任編輯的好朋友，長得很像電影明星中村敦夫。每當我與他一同到酒吧時，首次見到他的老闆娘都會說上這麼一句：「你眞像某某人呢！」這可以見出他的容貌與氣質的確與中村敦夫很像。通常，人們在被認爲與位名演員相像時，多半不會感到不高興，但是我這位原本木訥的朋友，在聽了這句話後，卻變得益發沈默。

也許，老闆娘在說這句話時，半是奉承、半是開玩笑，並沒有眞正的涵意。所以看到對方不高興時，一定會感到奇怪。但以我所了解的立場看來，他們這種讚賞實在很不高明。因爲我這位朋友深深了解自己的缺點便是給人一種冷漠的感覺；如今，旁人又說他與一位專飾冷酷反派人物的中村敦夫相像，那已經不是讚美，而是在强調缺點了！

由此看來，誇獎本身也是門學問哩！就像前面所舉的例子，自己自認爲是缺點的地方反而受到誇獎，當然會產生反感。所以，爲了要誘導對方說更多話，必須要能很快地察覺到對方希望怎麼被誇獎，然後再朝這一方面下手。換句話說，就是要能滿足對方的自我。因此，請各位注意的是：在還沒有確認對方喜好的動向時，千萬不要輕易誇獎對方，否則將弄巧成拙。就比如你對一位以瘦爲患的女性說：「你很像淺丘琉璃子。」得到的恰是反效果。

還有一個要點就是如果對方對自己的讚美有良好反應時，不要就此結束，而必須要能改變表現方式一再地讚美對方同一點。這又是爲什麼呢？因爲你只誇上一兩句，可能會被以爲這是種奉

誇讚的語辭要能滿足對方的自我意識。

承，而如再行誇上幾次，它的可信度會大大的提高。所以，奉勸各位，在讚美對方時，一定要三思！

30 對具有絕對信心的人加以貶抑，反而能更形親密

雖然，在初次見面時，要誇讚對方，而不要批評對方，只是一種原則上的禮貌。但不容我們否認的，適切的誇讚對方，往往能更順利地握展事務。然而，有時適度的貶抑對方，反而能製造更好的氣氛。

例如很受歡迎的演員毒蝮三太夫在主持電台節目時，便常用這種方法。在他訪問一位已有三十年的經驗的廚師時，他會說：「貴餐廳的菜眞

的就那麼好吃？」這句話對一位初次見面的人來說，是太唐突了點，但意外的是，廚師毫不介意地笑了，因此而造成了融洽的氣氛。

當然，事情的演變與這位廚師本身的個性有很大的關係。但是這位名主持人也並非隨意貶抑對方。我們無法確知他是不是故意問這句話，但我們卻可以歸納出他所貶抑的對象多半是那些在某一事業中具有多年經驗，老練且有絕對自信的人。他們在偶爾受到旁人的奚落時，往往能一笑置之。另一方面，突然有人批評他們平常被認爲是優點的事，也能使他們加深印象。所以，這種方法是可行的。但請注意，它只適用於那些對自己有絕對信心的人們，否則，一切都將不可挽救。

31以含多種層面的語辭，模稜兩可地誇獎異性

在誇讚異性時，如不多加注意，時常會招致誤會。甚至會惹人厭煩，而無法將自己意思完全傳達給對方。

所以，在面對異性時，用較抽象的、模稜兩可的讚辭較能收效。因爲語辭本身含有多種層面的解釋，能使對方不自覺地往好的方面解釋，而產生羅沙測驗（Rorschachtest藉對墨漬或畫之反應而分析性格之測驗），用於檢查的投影作用。例如你說「你的眼睛很漂亮」這樣具體的讚美辭，如果對方眞有雙很漂亮的眼睛，他頂多認爲這是理所當然的話，但相反地，卻會成爲

一種諷刺。所以，倒不如告訴他：「你的氣質很好……」較能使對方高興。

再譬如插圖作家和田誠在「快樂在後頭」書中所極力介紹的一句話：「你好像剛洗過的手帕。」它眞正代表的含意根本沒法確定，但是，聽到這句話的人，往往會想到自己的優點，然後順從地以爲這優點就像「剛洗過的手帕」那樣好——雖然他們並不一定知道剛洗過的手帕是什麼情形。

至於在做「比喻」時，也須注意語辭的運用。例如對方與某位演員很像，你應該說：「你與某某片中的主角很像！」而避免直截了當的說：「你眞像某某人！」

32 故意忽視在事前聽到的有關對方的傳聞，而由另一方面讚賞他

前面我已經提過，第三者的情報能在初次見面時發生很重要的作用。當然，我們收集這些的目的，總是希望能多了解對方進而操縱對方。但是如果將它們直接引用出來，往往會遭對方的輕視。因爲你在事前所聽到的消息，是對方一種「最大公約數的批評」，他本人及他人都早已習慣了這種批評。要是你仍然毫不變化地和盤托出，對方在心中會說：「又來了！」而認爲你與其他一般人也沒有什麼差別。

由另一方面讚賞他人，能收意想不到的效果。

所以，必須記住：對你而言還很新鮮的情報，在他來說只不過是一種已聽慣了的陳腐評價而已。因此，不管你所知道的批評是好是壞，先將它們藏在心中，而故意疏忽它，然後再由與傳開無關的地方下手，如此才能產生良好的效果。就像「不道德教育講座」中，三島由紀夫筆下的將軍，比較喜歡旁人誇讚他的髭毛，而對他本身戰術精良的誇辭卻是司空見慣。一般說來，人都具有相同的心理。

我們可以料想得到，這位將軍可能已接受過各種的讚美。如果再頌揚他身爲軍人，獻身報國的偉大精神，還是脫離不了過去讚辭的「目錄」。這樣，他也就體會不出那種自我的擴大感。所以，如能在過去積成的「目錄」中加上一兩項新的條目，便能滿足他擴大自我的需求。

至於在指出對方缺點時，也須如上面所敘述的，脫離以往旁人批評他的藩籬，而由另外的觀點加以評價，如此，對方反而會有所警惕，而將自己當成知音呢！

33 與其質問對方，不如以類似的問話婉轉提出，以製造更加和諧的氣氛

要想與初次見面的朋友心氣相通，最有效的方法就是利用你們之間共同的經驗或是類似經驗。但是，因爲當時還不清楚對方過去的經歷，不太可能找出彼此間共同的經驗。但這也不是一件絕不可能的事。事總在人爲，一切端賴你如何進行交談了。至於交談時，要盡量避免以質詢的語氣應答。

譬如只要一提到青棒，大部分人都會想問對方什麼學校畢業？爲什麼會對此產生興趣？什麼時候開始關心？等等質問式的問題，這就是一種「質疑問答式的會話」，這樣，怎能冀望取得共同經驗呢？比較恰當的方法是：在提到青棒時，便利用這個機會打開彼此的話匣，你可以說：「你覺得青棒如何……」「你認爲南北對抗賽……」或「你對某某高中的看法是……」等話，以接龍方式誘導對方說話。這樣，卽使彼此間實際上並沒有共同經驗，也可以由其中取得類似經驗。我們可以說，再沒有另一方法比它更能溝通彼此心意，產生緊密連繫的了。而且，也能由此

製造出一和氣的場面，因爲話題的提出，也可以將對方當成一位共同經驗者，而彼此開誠布公地交談。

34聽對方的笑語而發笑比自己說笑話更容易融洽

正如普魯士·巴頓（Barton）所說的：「人如果同時對有趣的事物發笑，彼此便能很愉快地相處。」笑話對融洽氣氛的製造與關係的進展具有很大的功用。這可以說是一條古今中外共通的法則。

你也許會很羡慕那些在陌生的場合中也能說笑話，惹人發笑的人，但他們在到達這境界之前也須一段長時間的磨練。至於一般原本就不大會說話的人，更須長久的瀝鍊，才能知道如何使大家發出會心的笑。

既是如此，與其說出一點也不好笑的笑話，製造冷場，倒不如附和對方說的笑話發笑，這樣比較合乎方才說過的「法則」。而像這種欣賞對方笑話的目的，並不僅僅爲了製造愉快融洽的氣氛，它同時還能因爲笑而消除自己心理緊張，使情緒完全放鬆。慢慢地，心胸便能寬舒，也才能適切的說出笑話，而使彼此愉快地交談。

35先由「你」談起，對方較能啓開心扉接納自己

根據一位經濟新聞記者的說法，左右企業界新聞內容的關鍵多在於公司最高負責人對取材記者所採取的態度。事實上，記者在發表新聞前，都已掌握住有關的資料，但在最後一關，即將發表時，記者筆尖情感的好壞便得視該公司最高負責人與某關係而定。所以，聰明的經營者絕不會在記者訪問自己時，開頭便說「本公司……」或「我…」等爲自己解釋的話；他們多半會先向記者表示慰問，待清楚整個取材過程後，再誠懇地表示願意與記者密切合作，盡最大力量協助記者。

我們無論在什麼情況下，都有與人見面的目的。如果一開始便滔滔不絕的談自己的主張，一再說「我……」會讓對方覺得自己的存在與立場被忽視了，因而在心中產生一道陰影，一旦這鴻溝形成，日後任你說得天花亂墜，也無法挽回局勢，相反地，反而會使心理的障礙越來越大，所以在初次見面時，先談有關「你」的事，由「你」開始再進入「我」，才是打開對方心急的最有效方法。

36在交談時，以對方的姓名代替其頭銜，較有親切感

我們都有屬於自己的家庭、職業、俱樂部等集團，也都擁有所屬集團的地位與任務。在家庭

中，你可能是一位好父親，到了公司，說不定是一位部下敬畏的課長，而在網球俱樂部中，又會變成一位異常親切的前輩。

且不要猜度那一個才是自己眞正的面孔。其實，每一種身分代表的都是眞正的自己。因爲日本民族一向具有很濃厚的集團意識，所以都特別注重自己在某一集團中的任務與地位，並藉以武裝自己。因此，外人總認爲日本是一個注重頭銜的社會。然而，如果要想與一位初次見面的朋友迅速熟絡起來，首先卻得要丟棄這種集團意識，以單純的個人身分與對方接觸，要達到摒除集團的目的，最好的方法便是稱呼對方的姓名，提醒對方現在已不是一位父親或課長，而是單單純純的一個人，從而使對方解除武裝，預防對方在談話之後以「我與太太商量看看……」或「我還要和經理商量……」之類的話敷衍自己。話雖如此，但也有一些人到酒吧時，特別喜歡聽人家稱呼其頭銜，對這種人，我們便不能直呼其名，而須順從他的欲求，稱呼頭銜來滿足他那不自覺的虛榮心。

37 在心中抱持「我喜歡這個人」的想法，較易製造融洽的氣氛

只要我們稍加分析，便能知道演藝界中，那些演技進步到某一程度便輕視觀衆的演員，絕不

會有最高的成就。正如三波春夫有名的口頭禪「觀衆就是我的神」般，曾在百老滙轟動一時的絕代魔術師沙斯敦也經常在心中說著：「我由衷的喜歡觀衆」。我之所以引用這句話，旨在說明他利用這種人類間微妙的關係，使自己比那些技藝高超的魔術師更受歡迎。而這事實的本身實際也隱藏著探討深層心理的技巧，值得我們學習。

根據傳說，沙斯敦從未在觀衆面前表露心中的這種想法，但他卻能有效地掌握住觀衆的心理。這可能他這種信念，是因爲在他自己本身及觀衆都沒有留心的部分—也就是人類心理中無意識的部分—發生作用的緣故。正因爲在他心中一直重覆說著「我喜歡觀衆」，所以才能使他的一舉一動都展露出無形的敬意，而觀衆也就在無意識的狀態下對他產生了好感。

也許有人會懷疑，像唸祝禱文一般一直在心中重覆「我喜歡觀衆」這句話，是否眞能針對觀衆的心理發生作用？關於這點，我可以告訴各位，在心理學上，這種現象並不稀奇。一般生活中，我們也可以發覺很多類似的事例。譬如：某位老師在「這學生很優秀」的信念下教導學生，學生的成績有很大的進步，便可以同樣原理解釋。所以，像這種如同 Pygmalion 效果（一種將美麗的雕刻當成人，而最後眞成一位活生生的美女的有關 Pygmalion 王的傳說）的現象，在我們運用各種促進人際關係的技巧時，能發揮很大的功效。

如果你在初會一位很惹人嫌的人時，心中抱持著「他是一位好人」的想法，對方往往能與你推心置腹。相反地，假如你一開始就覺得對方是位「討厭的人」那麼，本來對你並沒有什麼惡意的對方也會按照你的「期望」成爲一位「討厭的人」，而懷有惡意。

另外，非指示療法與協談中心療法的創始人C・R・羅傑斯也曾說過：「以無條件的誠意（unconditional Positive regard）進行會談，能夠打開對方的心靈，同時也能使對方對自己產生好感」。

38 使對方看出自己的某一缺點，能鬆懈其戒心

最近，日本演員堺正章、西田敏行正在做各種努力，使自己能受女性的歡迎。一般評論家認爲這就是八十年代的新演員型態，我卻不以爲然。自古以來，要得到女性青睞的祕訣便是毫不在意的顯示出自己缺點，使對方安心；這也可以說他們只不過是利用自己天生的「缺點」來吸引女性觀衆而已。當然，要成爲一位廣受歡迎的演員，必須在容貌、氣質及演技方面有與他人不同的特點。所以，上述兩位演員卽使能晉昇到他們所嚮往的二流演員之列，也沒法受到觀衆的喜愛。這因爲他們在內心中都抱有晉昇第二流的目的，反而不容易廣受歡迎。

話說回來，如果你首次會晤的對象是位很謹愼而不好說話的人，你可以故意表現出自己的某一缺點，以鬆懈對方的戒備。這也就是一種破壞對方原有印象使其安心的戰術。就像那些不能算

是大明星的演員在一般宴會中，之所以能成爲衆人注目的焦點，也正因爲他們毀壞了自己身爲影星的形象之故。

39在下午時間進行初次會晤，能有一融洽的氣氛

日本國內大部分報紙都闢有專欄，專門報導首相前一天的生活動態，由這類報導，我們便可以知道什麼時間有誰拜訪首相。經由我的觀察，首相在上下午接見的人的類型各不相同，因爲我沒有再進一步詳細分析，也沒有天天注意這類的報導，所以無法確知這種推斷是否正確。但我總認爲早上，首相多與一些智囊團或政治官僚做政策性的籌商，到了下午，則多接見各種陳情團或是受邀參加各式就任，交接典禮致詞。

事實上，不僅僅是首相，許多忙人也有這種現象。因爲大家認爲上午的時間屬於一種理性的時段，最適合用於決定重大對策。至於下午到傍晚時段則屬感性時間，緊張的情緒較能鬆弛下來。所以陳情團多在下午時間拜訪首相，雖然，這與首相接見時間表有關，但一方面也爲了對非絕對理性的陳情，可以放鬆心情，聽取民衆意見。

由此看來，如能將見面時間訂於下午，較能在輕鬆的氣氛下交談。而那些在傍晚時分才展開家庭訪問的推銷員，目的也正爲緩和緊張的情緒。

40想託人辦事或是道歉時，最好能拜訪對方的家庭

在電工技術極度發展的今日，如能在公司與家庭間接上電視迴路，公司的職員也就不用天天擠公共汽車上班了。他們在家中也可以辦公—只要將電視開關扭開，參加會議的人都會出現在畫面上，如此在家也可以開會。單由科技發展趨勢看，這可能會在不久的將來實現，但難道眞的只要開關電視便能轉換公司的我與家庭的我嗎？我想，人的心靈可能也沒有辦法適應這種機械操作。

通常，可在家中寫作的作家們，很少會在外另外設立一工作場所而天天上班。但我認識一位作家，便是如此。他所持的理由之一就是要製造一種工作的心理體認，因爲身爲家中的一份子，在家中工作，往往會使工作不易推展。更重要的是，由於家庭中的氣氛會使自己與登門拜訪的客人產生某種關係，而迫使自己接受本不願接受的稿約，結果爲這份稿件拼命工作。所以，他喜歡將工作的界限清楚地由家庭中劃分出來。

反過來說，要想將工作轉變型態，最好能親身到對方的住處訪問。尤其在爲請託或道歉而初次與某人見面時，儘量避免以「公」的姿態出現，而應以「私人」身份與對方接洽，較能收到效果。所以，要能儘量拜訪對方的家庭。

由此，我們便可以知道，那些以家庭做爲工作場所的作家之所以不輕易告訴他人地址、電話的原因，就是害怕自己受到侵擾；同時也爲了避免礙於私情而接受不願意做的工作，才採取這種防備手段。

41在因事請託對方時，首先要說出所有的有關要件

在我受邀到電視或廣播電台演講時，最感到困擾的就是對方不提出最重要的時間、地點與酬勞。

我這麼說，也許會讓各位覺得我唯利是圖。但站在受邀的立場，如果對方不提示5W1H（

有事情託他人，最好拜訪其家。

即When,Where,Why,What,Who與how),勢必難以答覆。當然,對一位很熟的好朋友,我們可以主動提出「什麼時候?」「什麼地方?」的問題,否則,在不知道主辦單位及主題的情況之下,是夠令人爲難的。

而且,雖然我們對某一主題有濃厚的興趣,但因對方的條件不夠清楚,也會使我們覺得猶豫,彼此也就無法更進一步交談,即使想拒絕也很難說出個理由來,這樣一來,整個氣氛全被搞糟了!

再說,假定因某種原因而無法辦妥他人委託的事,但因當初見面時彼此都很愉快,也許還有挽救的餘地。否則,初見面時便產生心理疙瘩,彼此關係很可能就此無疾而終。譬如推銷術中有這麼一則:「以電報代替信件」,便是要絲毫不放鬆對方的精神,而以短短幾句話說出要件。

42事前先知道對方的出生地及畢業學校,便不怕沒話題

一般人都會眷念自己的故鄉及母校;尤其是日本人,這種戀鄉情懷更爲强烈。譬如歐美社會中少見的學閥也就是利用同一學校畢業的共同點聯成某類組織,甚至於各官廳、企業公司都有這種組織的存在。據說巴西的日僑也有同鄉會的組織,不管僑居時間的長短,彼此之間都能維持著很親密的關係。當然,這在外國人眼中,是很難了解的一種現象。

所以，一般推銷員多半會在事前先知道推銷對象的出生地與畢業學校，而讚美對方的故鄉、學校也是身爲推銷員所需的初步技巧。如果湊巧自己與對方是同鄉或校友，在初見面時便可望建立一較親密的關係。就算一切並不如料想中那般順利，因爲對方具有强烈的關懷，也能使彼此以這兩點爲談話主題而逐漸打開話匣子。

43 在寒喧時，說些能引起對方共鳴的話，談話便不致中斷

美國恐怖大師希區考克的名作「陌生的乘客」，是以兩個陌生人在火車上認識後約定交換殺害對象做爲片頭的。這段片頭可以說是一段非常成功的心理描寫，至今，那種氣氛仍深深留在我腦海裏哩！

它敍述一位急於殺人的男子，想找一位幫手達到目的，而將主意打到列車上身旁的陌生人頭上。他爲了要使對方說話，一面寒暄，一面便有意無意地插入能吸引對方的話題。結果，對方在毫無防備之下，被誘入心理戰術的圈套，接著也說出自己正想殺一個人。於是，兩人約定了一項謀殺計劃。我們且脫離故事本身，由心理學觀點看，我認爲兩個原本不認識的陌生人之所以能坦誠的說出自己的心意，關鍵便在於寒喧中所提到的事。

通常，寒喧只能算是一種基本禮貌。但如果能在其中插入一些了解對方立場的事，它已不只

二、攻入對方心理堡壘的戰術

說些引起對方共鳴的話，談話就不致中斷。

是一種表面上的寒喧，同時還能讓雙方打成一片，更爲接近。例如在一個嚴冬的夜晚，「好冷！」這句話本身只是一種很單純的寒喧語，它可能因此引出一些話，但這些話也可能對彼此都無關緊要。但如果能說「哦！今晚好冷！像我這種在雪國長大的人遇到這種夜晚，總會特別懷念故鄉。」只要對方也在雪國長大，一定會引起共鳴，而接著說出一些有關的事。即使對方長於南方，也會因爲我們話題中提到自己的故鄉，而被迫站在這種立場將話接續下去。

換句話說，寒喧雖只是一種基本禮貌，但就算是插入一些屬於個人的話題，也不致令人會覺得牽强不自在。所以我引用了希區考克的心理戰術，目的也在說明這點。

44雖然說話內容非常普遍，但如加上句「不要告訴別人喔！」卻有助於彼此建立共同立場

到我家訪問的朋友中，十人中有一人會在談話順利進行中插入一句：「是你，我才會說！」或「這可不能再傳到別人耳中！」這往往令我覺得自己很受重視。其實，他那些似乎鄭重其事的話只不過是一些上司的緋聞，甚至是我早已知道的事。而我在一開始也壓根兒沒想到他要說出這些話。但因爲他已將迅號傳給我，我可以接受並且會盡量幫助他。

具體的說，就是他表達了對我的信任。我並不知道他是不是故意說這句話，但這句話本身的確有助於共同立場的製造。因爲，這樣一來，等於說我們彼此擁有共同的小秘密，能很輕易的建立親密的關係。

通常，人在擁有一點屬於自己的秘密時，總會有一種找人傾吐的欲望。而這傾吐的對象，是必須經過挑選的。所以在他人對我們說「我可是只告訴你哦」時，就表示他看重自己，至少，對自己的印象不會太壞。因此，在一切都很融洽的氣氛下，再加上一句「你可別告訴人」滿足對方的自我意識，便能使雙方益形親密。

45與一位較木訥的人談話，最好能由與事實或經驗有關的話題開始

我因爲工作的關係，經常會協助一些意見調查及問卷編製的工作。雖然，這類調查的主要目的只是探知調查對象的眞意，但有不少人會做不實的回答或者根本拒絕回答。所以最重要的是爭取他們的合作。這就要視問卷編製的技巧而定了。通常，我們編製這問卷時，多半會由與旣成事實或經驗有關的問題開始，然後再編入必須經過思考才能回答的主要問題。

舉例來說，如果問卷一開始便是「你對男女同校的問題看法如何？」相信很少人會馬上流暢的回答出來。尤其在面對一位毫不認識的陌生人時，要針對有關的稅捐、兩性、資產的問題毫不保留地說出自己的意見，有根本上的困難。所以剛開始，我們可以提出「你住那兒？」「你曾去過國外嗎？」等等與調查目的沒有直接關係的問題，使對方在毫無困難的回答之後，也可能回答較難以回答的事。

當然，這種技巧，在初次見面時，也能發揮效果，而使雙方的關係更形良好，尤其是對一位較木訥的人，更須要以此方式逐步誘導他說出自己的意見。

46評價對方的敵人，也可以製造說話機會

人們都希望能受到他人正確的評價，尤其是在與一位自認爲是敵手的人比較時，這種願望更爲明顯。所以，要想敲開對方笨重的口舌，便須利用這種人皆有之的敵人意識對付對方。

不管你對這位「敵人」的評價是褒是貶，對方在聽到自己的敵人正受評論時，總會很敏感地表現出贊同或反對的態度，只要順著這種反應利用機會繼續交談，對方不是覺得放心，就是提高警覺，如此，便能使情況有所改變。好比一些專訪政治新聞的記者便很擅長利用這種方法挑引出對方的眞意。所以在初見面時，我們可以利用這種每個人都具有的自負與競爭心理，給對方些許刺激，以達成某一目的。

例如，對方是A校的畢業生，我們可以或褒或貶的提到B校；這樣一來，對方自然會對他自認爲是敵校的B校加以評價，企圖知道我們的反應。像這樣依照彼此的評論進行交談，可以製造一個共同的立場，從而順利的談到本題。

47 與一位年齡較大的長輩談話時，盡量以他年輕時代的事做爲話題

據說，年輕時曾參加過戰爭的人，在知道對方也有過的同樣經驗之後，往往能與對方一見如故。誠如外國諺語中所說的「過去的回憶可以使人寬緩」般，年齡越大，對於過去快樂或痛苦的

回憶，越能透過傷感的屏障，使它們自己與年輕時代的形象相結合。

因此，與一位年齡較大的長輩首次會晤時，可以其年輕時代的事做爲話題，使對方加强過去的印象，並且使其情緒隨之年輕起來，如此，雙方便能很融洽的交談。但是，請注意，在提到對方年輕時代的事情時，必須要以具體的實際經驗代替抽象的表現。較能使雙方熟悉，有關這點，我個人過去便曾有過失敗的經驗；記得那次是爲了收集研究資料而首次造訪頗具盛名的已故評論家大宅壯一，當時，我爲了打破沈默的局面，首先說了句「先生，你看起來還很年輕哩！」當然，我的用意多少是逢迎對方，卻沒有想到對方這麼回答我：「你說這句話，也就證明我已不再年輕了。」結果，將一次可能成功的訪問搞砸了，而站在大宅先生的立場看來，他似乎還暗示我這位未來心理學家對人類的心理尚須多多探討呢！

48提到對方可能不知道的事時，若能先說「你可能也知道」，較容易引起對方的興趣

我在撰寫稿件時，如果遇到不得不使用一般人少見的心理學專門名詞的情形，都盡量先說「各位讀者也許知道」，這也就是說，我將讀者可能不知道的事當成衆所皆知的事處理。

當然，在學術論文中，我便不會加上這麼一句了。因爲學術論文發表的對象有限，而且對一

些專門用語都有某程度的了解；如果我再這麼說，便像介紹一對已認識的朋友般，是畫蛇添足的行爲。

然而，對一般不特定的多數對象，情形就不同了。我們雖然可以預測對象的水準，但卻無法將讀者侷限在旣定的範圍內。因爲我們無法預知有誰會看自己的著作，所以，所有讀者與自己，完全是陌生的。

我們再把話拉回本題。一般人在與人初次會面時，往往會犯一個錯誤：卽是提到對方根本不懂的事。尤其是談論屬於自己專門領域的事最爲不智。人們有時固然會誤認對方與自己具有相同的知識與興趣，但如能在事前對對方有某程度的了解，便可以避免這種事的發生，也不會因此而招致失敗。所以適度的配合一位了解度不高的陌生人，實在是件很不容易的事。

我們可以推想得知，一般人在文章或談話中遇到很多自己不懂的專門用語時，都會產生一種排拒的心理，因此，在初見面時，這種抗拒的心理會擴展到說話人的身上，從而排斥對方。

所以，我在以一般人爲對象的文章中，在使用專門用語之前，都設法先說「你可能已經知道」，目的也就在緩和這種可能有的排拒感。雖然我將它寫出來，有種揭自己底牌的感覺，但我願意將這種秘訣公諸世上。

由另一面說來，當別人提到自己不知道的事時，能加上句「你可能知道」，會使自己覺得受到很高的評價而滿足自尊。因此，這點「間接逢迎」的方式可以先使人情緒愉快，以後即使再提到對方不懂的問題，也能夠舒緩排斥心理，同時引發他回問的興趣。由此看來，對付一位陌生人，這情形的確值得注意，而我自己也不時在訓誡自己。

49 重覆對方的話，能讓對方覺得自己正在專心地聆聽

非指示療法與協談技巧有一種所謂「鸚鵡法」，就是以如下敍「我感到煩惱……」「哦！你感到煩惱嗎？」「我有困難……」「哦！你覺得困難」的應合方式，來重覆約談者的話，而避免說出自己的感想與任何指示。

當然，我們在做心理輔導時，總希望能在患者與輔導者間建立一無所不談的關係。而且，這種關係還影響到輔導的成敗。雖然談話的對象是一位溫和的心理輔導員，但一般人在乍對陌生人時，總會對坦誠說出自己煩惱的事感到猶豫不決。爲了使來談者放開心胸，首先便需要輔導人能夠專心徹底地聽對方說話，並且接納對方的話，而以熱心的態度鼓勵來談者繼續說出自己的困擾。由此看來，「鸚鵡法」在心理協調中有相當大的效果，而一般較老練的輔導人多半也能利用這種方法很快地與約談者建立起親密的關係。

再譬如一些名主持人在問取某些意見時，一方面會點頭表示同意，另一方面也會重覆對方的

重複對方的話，可提高初次見面的成功率。

話。也許他們都是在無意識的狀態下進行這些動作，但無可疑問的，它足以使對方覺得自己的言論受到重視，而不由自主的說出各種話來。

因爲人都有一種要求被旁人重視的欲求，也就是說要求人們承認自己的存在。所以，當人們正在聆聽自己的話時，這種欲求便得到了滿足，而由滿足對對方產生了好的印象。

總之，要想讓一位初次見面的朋友開懷暢談，首先要能引發出他各類話題，對自己方才有利。所以，利用「鸚鵡式」—重複對方的話—的方式，表示自己正在認眞聽話的態度，可以提高初次會面的成功率。

50 如果對方轉變話題，我們可以做出表示驚奇的動作

有一位電視節目製作人，曾告訴我節目製作上的困難。在他以為：製造一個民間電台的節目要比製作一沒有廣告的NHK電視節目容易得多。因為在三十分鐘的節目中，要避免使觀衆覺得沈悶，便須製造高潮，使觀衆感到新奇、緊張；否則，觀衆勢必換個頻道。但是若有廣告的插播，便等於給觀衆一喘息的機會，而製作當局也不用再為數次的高潮而頭痛了。這種論點是否正確，以我外行人的眼光，當然沒法判斷。然而，可想而知的是：每位製作人都在致力於高潮製造上，尤其是一般戲劇節目或是電視影片，更是需要高潮。因此，在戲劇中插入一段紀錄影片或是裸體畫面，都是製作人苦心的表現。

同樣的道理，在三十分鐘的談話中，為使對方不覺得無聊，也需像電視劇一般插入幾個高潮。這對一般人來說，並不是一件很容易的事。實際上最常見的情形是：在對方感到沈悶時，自己卻是一籌莫展，結果，對方不是以時間為藉口而結束談話，便是改變話題。

當我遇到這種場面時，先不管談話內容如何？我都以動作來製造高潮，引起對方的注意。例如對方在感到無聊而轉變話題時，我會將桌上的玻璃杯擺平，或者是換盤坐為跪坐，使對方注意到我突如其來的動作，而後再趕緊將話拉回本題，重新操縱對方。換句話說，我做這些意外的動作，目的就是要消除對方無聊的感覺，與廣告實具有相同的作用。同時，也能說是一種「身體語言」。

如果不以這種方式，而在對方轉變話題時，直接指責對方，談話很可能就會因此中斷。所以我盡量變換一些動作，使對方在無意中收到自己抗議的訊號，而以我經驗，對方多半也能發現我的用意立刻回復本題。

美國有一本書，曾提道：「當你想中止對方滔滔不絕談話時，可以將硬弊丟下，使發出聲音。」這也是一種動作的變換。更進一步說，就是讓對方覺得意外而改變話題的一種心理戰術。

51 扼要敍述前面說過的話，可解除空檔時段的尷尬場面

在我主持某一電視節目期間，經常需要介紹特別來賓。有一次，在現場錄影中，好不容易結束了訪問，正鬆口氣時，導播卻告訴我時間還有三分鐘，但是節目開始前與特別來賓排演過的訪問過程已全部結束，剩下的三分鐘做些什麼呢？偏偏這又是一個現場節目！事後，回想起來，我還眞不知道自己與來賓是怎麼熬過這段時間哩！這種經驗，很痛苦，也很尷尬！

在這之後半年，我與一位特別來賓的身分，接受酒井宏的訪問，又發生了同樣的事。當時，我做了一些心理學上的實驗及現場解說之後，不知爲什麼，還有三分鐘時間。因爲我以前有過類似的經驗，所以一直在留心這位酒井宏先生如何應付這場面，當然，其中含有一種幸災樂禍的心理。但出乎意料的，酒井宏竟毫不覺爲難的說：「今天很榮幸地能請你做這些實驗；我們由你的

實驗中知道人就是……」，然後對實驗內容與結論作一扼要的說明，從容的結束了訪問。

各位可想而知，我當時是多麼佩服這位名主持人！同時，我也發現日常人際關係中，也可以運用這種技巧，尤其在兩人初見面時，由於彼此了解不多，空白的時段往往令人覺得難挨，這時，便可效法這位主持人，解開僵局。

一般說來，曾見過面的朋友，一時無話可說，還可找出其他談論材料，兩人關係一經發展到這種程度，除了主題的發展之外，還可以較輕鬆的話彌補可能產生的冷場。而在初見面時，由於雙方都急於追求主題，一旦主題發展到某一程度，便不可避免的要有一段空白的時間，加上雙方都找不到其他話題，這時，僵局會很不容易打開。

這樣看來，之所以會產生這種場面的原因，主要在於雙方只極力追求主題的發展，而使得談話缺乏彈性。所以，當談話主題無法再行擴展時，我們可以利用酒井宏的方法，扼要的重述方才說過的話，使整個場面有所緩衝！

52 抱著「交談時期也需要偶爾的沈默」的觀念，便不會在意冷場的發生

一般有關人際關係及說話技巧的書籍，多千篇一律的認爲繼續不斷的談話是最好的現象。但我

卻以爲這觀念有值得商榷的地方。在「語言的戰術中」我也曾提到沈默在人際關係中所能產生的作用，往往出乎意料的大。雖然，在初見面的場合中，我們會爲了雙方的沈默而感到不自在，但實際上，一些生產性的、有收穫的交談，都需要一段沈默的時間。

好比某作家在訪問諾貝爾獎得主川端康成時，經常不說話的坐上三十分鐘。但是，他們只要靠著偶爾交談一兩句話便能將氣氛處理得很好，而且，某作家的說法，這次會面還獲益不少呢！這可以證明沈默的時間也可以用來當成雙方眞正溝通的時間。這對人際關係來說，亦復如此。實際上，我們怕沈默下來而繼續不停的說話，無形中剝奪了彼此思考的時間。因此，你只要認爲有收穫的會談需有沈默的點綴，便不會對靜默的冷場感到困擾。

53 接受對方的感情比接受對方的理論更能緩和敵意

在一般有關商品的糾紛中，我們只要看推銷員的處理態度便能推測這位推銷員的能耐。一般說來，買進不合格商品的客戶多半會對推銷員表示不滿，姑不論推銷員本身與不良商品是否能扯上關係，客戶態度的改變端賴推銷員的應付手段。一位熟練的推銷員絕不會在聽了客戶矛盾的論理後，還說：「你雖然這麼說……」或「你說的不錯……」。要知道，針對對方論理的矛盾直接提出反駁，固然會增强對方的敵意與忿怒，但一味的接受矛盾，也並不一定會如自己所預料般暴風雨過後一切終告平息。如果客戶也自己發現自己論理有矛盾的地方，我們卻全盤同意，這豈不是在違逆其感情而適得其反？

其實，客戶主要的目的並不是與你論理，而是要你能了解他的感情。所以，順著這個方向接受他的感情，才是最聰明的方法。這並不表示對方的話眞的很有道理，而只是要讓對方覺得自己所以會忿怒、會有敵意，全都是理所當然的事。因此，安慰對方才是最重要的前提。

54 如果對方動了氣，可以暫時保持緘默

在我工作範圍內，經常會有一些人主動要求約談，我也都盡量地讓對方感到滿意。但如遇見一些陌生人提出一些不合理的請求時，我只有婉拒。而往往，他們會因我的拒絕而開始無理取鬧。

當然，同樣是有血氣的人類，見到對方的無理取鬧，自己難免會感到生氣，但是，我總是盡量運用我所有的專門知識，極力保持沈默。因爲，保持沈默才是讓發怒的對方知道我們本身態度的最有效辦法。

另一方面，不管對方如何發怒，只要他事後回想起自己過份的態度或語言，都會覺得不好意思，而引起他反省自己的意念。但是如果當場向他做種種解釋，卻只能使他那興奮的情緒一直持

續下去，無法冷靜下來反省自己。若再加以反詰，那麼等於火上加油，對方的怒火會更烈！所以，沈默便是使對方感情冷靜的最好武器。這時，如能再給他一個反觀自省的時間，他的態度便會有明顯的轉變。

55在對方自我炫耀之前先行誇耀自己，會破壞氣氛

由古至今，人們流傳著很多有關人類自誇的諺語。諸如「只有傻子才會誇耀自己」「自負是智慧的止境」等等，都在說明自負徒然令人們停止進步而已。不僅如此，在日常人際關係上，自負的人往往得不到別人的信賴。但同時，我們由這麼多有關這方面的諺語知道，這個世界上，喜歡炫耀自己的人畢竟太多！

人們之所以喜歡誇耀自己，乃是因爲希望別人能對自己下一很高的評價。雖然，得到的可能會是對方的讚美，但在初次見面時，千萬不要在對方還未誇耀自己之前先誇耀自己一番。道理很簡單，我們想要誇耀自己，對方一定也想炫耀一番所以，爲使會面氣氛愉快，最先決的條件便是要使對方自誇的欲求得到滿足。否則，對方的心靈會再度關閉，雙方也就話不投機了。

因此，我們儘可能在對方誇耀自己時，不著痕跡的插入一些話，來表現自己。千萬別讓雙方的誇辭針鋒相對，否則，這類的誇耀會越來越擴大範圍，而終於遠離最重要的主題。但是不管如

何，喜歡自我誇耀的人往往有很强的自我表現欲，所以，面對一位喜好吹牛的人，應該多注意他的人格及談話的內容，並先行在心中打個折扣，這樣，才不至於吃虧。

56意圖不明的質問會使對方懷疑自己

一般人在接受警察的詢問時，都會感到很不愉快，這是爲什麼呢？或許，這與他們問話時氣勢凌人的態度有關，但憑良心說，並不完全由此而起，因爲最近警察先生都受過很良好的教育，往日那些仗勢的警察現已不多見。我們所以仍會不高興，全是因爲他們所有的特殊職責及其意圖不明的問話所致。雖然，警察在詢問民衆時，必定是對方有值得懷疑的地方，但是，他們依然不能直截了當的說：「你有很大的嫌疑，所以我必須要問你！」

同樣的道理，在我們日常生活的交談中，總會對發出不明意圖問題的人產生疑心，尤其是在彼此都具有戒心的初見面時，更是明顯。所以我們想知道對方的經歷，應該避免刑警盤問的方式，問得太過露骨；最好能先說：「我對理科實在一竅不通，所以想利用這個機會請教你……」「聽說你專修高分子化學課程，這種學問到底在研究什麼呢？」諸如此類的問話，都可以避免讓對方覺得自己不可信任而加强戒心。

57打斷對方的話，會使對方的欲求無法滿足，而不能建立良好的關係

前面曾經提過，心理輔導員爲了與約談者建立無所不談的信賴關係，會使用各種深層心理技巧。其中最基本的信條就是：「不批評對方」，並且，要完全傾聽對方的話，這樣，才能使對方開懷暢談。在實際輔導上，一般老練的輔導員都能在一小時內與對方建立起特殊關係，使他們能由稅捐問題進而談到夫婦間的性生活。通常，他們都盡量讓對方說出自己想說的話，而避免在中途打岔。否則，對方傾訴的欲求得不到滿足，彼此也就無法建立較親密的交談關係，甚且會造成雙方敵對的立場。另外，根據一項客戶與推銷員問題信賴度的調查也顯示：那些在商品售出之後會受到客戶非份要求的推銷員，大部分都喜歡說話，並且經常打斷客戶的話。因此，我們可以推知，要啟開對方心扉，建立起親密的關係，問題不在於說話的方式與內容，而在於能容納對方的態度上。這樣，各位就能明瞭我所提過的有能力的推銷員多半較木訥的道理了。

58並肩齊坐，較易建立友好的關係

在國際外交界，某國迎接使節團之後，通常都先行召開會議，討論兩國間的有關議題，然後再舉行餐會招待外國使者。其中，席位的安排是很有趣的一環。如果雙方都派出多數人員參加會

並肩坐較容易建立良好關係。

議，往往會各國成一排的坐定，但到了餐會時，即會自然而然的採插坐的方式。

這種席位上顯著的差異當然與聚會的目的有很大的關係，但這不愧是經由悠久歷史而產生的外交形式，還挺符合心理學原理。通常，人們在認爲彼此可以合作的時候，都會並排坐，相反地，心存競爭的想法時，便自然而然的對坐，這是因爲並肩坐較容易產生緊密的關係。因此，一般外交場合中，討論議題時多對坐，餐會時並肩坐的情形便是一種人類心理的表現。

除了一般儀式化的聚會外，我們也經常會在無意識中注意日常座位的配置。面試或刑警問訊時，因爲目的僅在探知對方的眞意或是希望對方招述口供，彼此間不必考慮雙方的友好關係，所以採取對坐的方式，至於男女約會的情形亦會隨著彼此關係的進展由對坐轉爲並坐。

這樣看來，在初見面時，並肩坐較容易建立良好關係。因爲我們可以不必持意去注意對方的視線，同時也能產生距離上的親近感。

依照這種觀點看來，男女相親時相對而坐實在是很不理想的方式。如果能緊鄰並坐或是斜對而坐，雙方較能緩和緊張的情緒，從而製造出親密的氣氛。

59於平常雙方都未去過的地點會面，可以改善人際關係

有一次，我爲我的學生安排一次相親的機會，還記得在進餐時，雙方都緊張的說不出話來。眼看著這次相親就要功虧一簣，我於是建議他們到附近的公園內單獨談談。詎料與他們分手後不久，天上烏雲密布，卽刻便下起雨來，當時，我只有看著綿綿不絕的雨詛咒著天公不作美。

然而，我萬萬沒有想到，這場雨成爲他們的大媒人。由於尋找避雨場所的共同需求，使他們不覺得消除了緊張，而後便能侃侃而談。現在，他們已在共同過著幸福的生活，這正表示相親過程中雨擔負了媒人的實質任務。換句話說，初見面時的共同經驗在雙方心理產生了微妙的作用。而這種「特殊經驗」的共有，能爲人際關係帶來很特別的意義，縮短了彼此心理的距離。

當然，除了這種無法預測的雨之外，我們還可以利用其他辦法，以求得到同樣的效果。譬如

可以將見面的地點定在彼此都未到過的地方，使雙方有一種同樣都未來過的體認，因而影響到當場微妙關係的進展。

60 如果初見面的對象是多數人，須注意陪座的人

我們在與多數人見面時，多半只會注意到一羣人中的主體，而忽略了其他的人。但是我們往往沒有想到，如果得不到陪客的支持，事情同樣不能圓滿完成。

尤其是一般生意的洽談，握有決定權的往往不是課長而是負責現場工作的股長。所以，忽略了處於陪位的股長的結果，可能使即將成功的交易再度破裂。同樣的，推銷員到家庭推銷汽車時，也可能忽略主婦而損失了這筆生意。

再說，既是同席，便表示大家或多或少參與事件，目的也同是聽自己說話，所以，如冷落了其他人，他們的不滿馬上會傳遍整個席面，但如換在一位有較高地位的領導者的立場便不同了，他不會認爲自己正受到冷落，而只會想到部屬正在代理自己，心中不會有被疏離的感覺。

61 印製特殊的名片，可以當成消除緊張的工具

作家梅田晴夫使用的名片都是由左至右橫寫的格式，這使得與他初見面的對象間有更多的談

話資料，而與一般老式名片比起來，也更具有溝通的作用。

我們知道，現在名片已是一種不可或缺的普遍用品。所以，名片設計要是能別出心裁，便可以引起他人的注意。而且，初見面時的緊張也就可因而鬆弛，同時更能給對方一種較深刻的印象。譬如剛出現附照片的名片時，我便曾爲一位持有這種名片的推銷員深深吸引。

可是，名片設計的意外性，並不僅只表現在印刷的醒目上。雖然一般商人名片都有固定的規格，但如能加以精心設計，它將可爲你與客戶帶來更多的談話材料。在我所收到的名片中，便有將電話號碼寄寓於字義的，也有將個人經歷印在名片背面的；諸如此類，都可以幫助我們製造話題，同時給對方一個較強烈的印象。

62偶爾不說話，而讓對方開口

某大學有一次招考臨床心理學專任教官，經過多次的淘汰，最後當局只接受兩位考員的口試。頭一位對主考官的問題都很流暢的回答，並且滔滔不絕的說：「所謂面談就是……」「我覺得協談應該……」等表示自己的意見。至於後者，卻與前者迥然不同，不僅不修邊幅，對主考官的問題也不能清楚的回答，並且經常沈默下來，反而讓主考官爲他感到緊張。

結果，學校當局決定錄用後者，也許各位會覺得很意外。其實，學校的決定並沒有錯。因爲一般心理輔導工作的重點本來就是要讓對方多說話。所以，身爲一位輔導員，有時必須保持沈默，而主考官所以下這最後決定的理由，也就是他認爲後者在工作進行中較前者懂得「沈默的效用」。事實也顯示，後者對心理學的鑽研極深而且頗具才能。

相同的，在初見面時如能利用「沈默」做爲武器，讓自己偶爾靜默下來，改由對方開口，面談才能更順利、更圓滿！

63 讓對方參加「小遊戲」，可以增強其「一體感」

在一般表演中，觀衆對演員來說，也就是等於初見面的對象；演出能否成功，便必須視演員與觀衆之間一體性的程度而定。所以，演員經常讓觀衆參與表演，目的就是要在彼此間建立一體感，雖然不可能讓所有觀衆都登上舞台，但在台下的觀衆見到台上也有觀衆時，自己也會有臨場感。另外，要求觀衆鼓掌或是與他們應對，也是希望能與觀衆打成一片，卽使這些要求會使觀衆有被强迫的厭煩感，但至少，能在彼此間建立起一體性。

我也經常利用這種方式來建立雙方的一體性。當然，什麼事做得過度，便會失去它原有的功能及意義，所以我多半只讓對方參加一點「小遊戲」。例如我先準備一些美國製的嚼烟，請對方嚐嚐，對方就會一邊嚼煙，一邊說出自己的感想，這樣，雙方豈非較易發生親切感？而談話也就

利用「小遊戲」與觀衆成「一體感」。

不至於硬梆梆的毫無彈性了。

有時，我們也可變個小魔術，暫時先別揭開謎底，而由對方思索箇中原埋，這不就等於是台上的演員與台下的觀衆打成了一片嗎？各位不要以爲只有小孩才喜歡遊戲，一般成人對某些遊戲的興趣還是很濃厚的。所以，我們可以準備一些有趣的小遊戲，使較不習慣與人初見面的人，得以滿足其參加意識。

64 只要向對方表示關懷，對方也會以關懷回應

美國某家電機工廠的經營者爲勞工怠工的問題所困擾，雖然也曾召開過多次措商會議，但仍找不出良好的對策。

有一天副董事長突然建議改善工廠的燈光

。他所持的理由是：將燈光改善到家庭照明的亮度，可以讓工人覺得在自己家中工作一般，提高工作效率。因爲其他幹部想不出其他辦法，因此只好通過這議案。

他們立刻實施這個議案，將工廠的燈光加强亮度。結果發現，工人們工作的態度較前有顯著的改進，生產量因而大大提高，然而，對經營者來說，電費的負担實在太重，於是有人又建議稍稍降低亮度，大夥雖然感到不妥。爲了經濟也只有接受。然而，改變燈光之後，工作情形並沒有絲毫的變化。

我覺得這件事是很有道理的，對經營者來說，這只是純粹負荷輕重的問題，但他們卻不知道，無形中，廠方已給了工人適度的關懷。通常，人類在感受到他人的關懷時，多會有所回報，這是因爲他們心中已產生一種受關懷的負担，爲了消除這種負担他們只好給予對方相當的負担，因此，在無意中，也在關心對方。由此可知，這件事問題癥結並不在工廠燈光的明暗，而只是一種關懷的回饋罷了。

這種心理的構成是很值得我們參考的。初見面時，不管是說話的態度或是聽話的態度，只是能讓對方覺得「我受到這樣的關懷和照顧，眞是不敢當。」並能引發對方相當的對待態度，這就形成所謂的「心理接受」。

因此，我相信，在會因客氣及不習慣而搞砸的初見面場合中，這種戰術能促使雙方關係更形圓融。

65 要想讓對方一貫說話，便須裝糊塗，以知爲不知

吉田兼好在他的「徒然草」中曾經說過：「沒有教養的人沒有固定的談話對象，而只對周圍群衆說話，是最要不得的事。」然而，人類總有一種欲求，希望有更多的人群集聽自己說話，這就是所謂「優越欲求」的心理。因此，當人們在告訴別人對方並不知道的事時，都會有一種滿足感。

由於雙方初次見面多不知道彼此學術與教養的程度，因此，往往只以第一印象來評定對方好壞，且針對已有的印象說話。這時，便須注意到依照對方了解的程度而隨時應變。如果你以爲對方並不知道而提出某事，但卻發現對方早已知曉，這會使自己的「優越欲求」受到很大的破壞。反過來說，要避免破壞對方滿足的情緒，便須對一些已知的事做出茫然不知的姿態。

因此，「深藏不露」這句話並不只用來訓誡那些驕傲的人，它同時還藏有一個小秘密呢！而且，這小秘密還可以滿足對方的優越感，使人際關係因而更爲進展！

三、立刻揣摸出對方的心理

序言

與對方初見面時，爲了要達成目的，必須消除對方的緊張與不安，使彼此在平靜融洽的氣氛中進行談話，能夠做到這一點，可說會面已經成功大半了！下一個步驟，只須設法往目的推進即可。要消除對方的不安或緊張，首先必須先確定對方在想些什麼，處於何種心態。俗語說：「見人說人話，見鬼說鬼話」，無論你們要談什麼，如能捉摸出對方的心理，然後順著他的思路進行談話，自然萬無一失。如果毫不考慮地就魯莽的高談闊論，那麼，再眞確的道理有時也會說不通的。不但如此，在說明的過程中，對方往往會曲解或誤解，使得你辛辛苦苦的準備因而功虧一簣。

談到觀察對方，可分兩種情況著手，第一是該人的個性、人品、教養的程度；第二是同一個人在不同的時間，不同的場合中，會有什麼不同的反應。這兩種情況彼此有微妙的關係，有的人在不同的時間、場合中，心理變化十分激烈，有的人則較爲和緩。如果是前者，就必須時時刻刻注意對方心理的變化過程配合雙方的談話；至於後者，可以按照第一印象來進行，這樣大概都不會有什麼差錯。

人是很容易受環境影響的，尤其置身於初見面的特異環境中時，往往會出現平常環境中不會有的特殊心理狀態，所以，一定要看清對方的心理，再來決定自己的態度，這才合乎「知己知彼，百戰百勝」的原則。

照理來說，人並不是一本可攤開來仔細唸的書，然而說也奇怪，人的心態多半會表現在神情、口氣、態度和動作上，即使是看起來深藏不露的「無表情」（以後還會再提到），仍屬於某種心理狀態的表徵。關於這個問題，筆者曾在過去所著的「讀心術」、「深層心理術」等幾本書中提到過；這是非常有趣，百談不厭的一種心理，在此我要介紹的，就是這種非常有用的，在初見面時即可揣摸出對方心理的技術。

66強調事物的兩面性

不想讓對方知道自己的眞意、對自己的意見沒有信心，或是故做姿態應付的人，往往會說出模稜兩可的話。一些評論家或學者，當他們面對比較微妙的問題時，雖然也會提出結論，但是在最後，一定會加上「不過，也會有……的情形」一類的「但書」，這並不是他們在扯自己的後腿，而是爲了萬一自己的結論不對時還有個台階可下。

老練的政治家，便是個中能手，他們會將事物的兩面性巧妙地編入自己的言論中，例如：「這個問題非常緊要，必須經愼重的考慮後才可採取可行的辦法，現正在檢討之中……」，像這種回答，你旣可解釋爲他們立刻就能找出決策，也可解釋爲可能還要一段時間才會有答案。由此可

強調事務的二面性。

見政治家們慣用這種回答，乃是爲了逃避責任。

在會話中，如果對方經常使用此種「兩面性」的伎倆，很明顯的，他不是正在猶豫不決，就是在避免自己在對方心目中造成固定的形象。看起來他們的意志似乎很堅定，其實不然。而在我方來說，進行這種兩面性的討論，有時會很有效，例如對方只有想到一方面時，你可以提出相反的理論。

有很多事情正面講或反面講都說得通，「欲速則不達」固然有理，而「打鐵趁熱」也不無道理。因此你必須視情況，選擇適當的一方提出。一個沒有堅定信念的人，聽到兩面性理論時，便會很快地改變心意，或者開始猶豫不決。但一個意志堅定的人，即使對方再三強調事情的兩面性，他還是無動於衷的。

67「我知道」是一種拒絕語

孔子的弟子顏回能「聞一而知十」，可說是少見的智慧型人物，這種人不但聰明，而且反應奇快，他們只要聽到對方的第一句話，就知道下面會是些什麼話。日本以前的首相田中角榮便是這種人，他有個綽號叫「我知道」，因爲人家只要一開口，他就會說「我知道……」。有很多陳情團體找他，說沒幾句話他就能了解全盤的形勢，予以調節安排。

不過，這個世界上畢竟只有一個田中角榮。普通人都是「聞一知一」的，如果你談話的對手表現出「聞一知十」的態度，那就非得提高警覺不可了！因爲對方在不知道自己的個性以及感情的動態之下，却頻頻表示「我知道」，其眞意就是不願意再聽下去的表示，他無法做出明顯的拒絕態度，乃是因爲他屈服你給予他的心理壓力，使他不能採取直接的拒絕。因此，假如你遇到這種話只聽一半，就說「我知道」的人，應該設法讓他有進一步的了解。

68初見面時的蠻橫態度，多半有不安的弱點

很多工廠的門口，都有守衞，其任務是登記訪客的身分，防止不良分子侵入，很多人都認爲：大部分的守衞態度都很兇，一副把你當賊的樣子，使得前去拜訪的人飽受悶氣，又不能發作，

否則得罪了他，反而誤了自己的事。

守衛的態度惡劣，這也難怪訪客會不高興，但是我們必須知道守衛是一項很辛苦的工作，他們所以會有兇暴態度，也是有道理的，也就是說，當一個人不願意別人知道自己心中有所不安時，便會在無意識中採取高壓的態度；而守衛的主要任務，便是防止可疑分子進入工廠之中，第一次來的人，都算是身分不明的訪客，必須提高警覺。就是這種戒心，使他採取了這種兇巴巴的態度。事實上，很多守衛只是兇在表面，一旦熟悉了之後，往往比任何人都來得親切。

通常，初次會面都應有初見面的禮貌。那些無禮而蠻橫的態度，正是出於內心所隱藏的不安。所以如果你遇到了這種情形，不必介意，應該冷靜的對付。

69對方爲了抓住你的弱點，可能會打擊你的自尊心

現在的小偷强盜做案手法日見高明，交通工具更是以轎車爲多，因此同型車的車主們，往往會受到無妄之災。前幾天，我的朋友因爲違規停車，被一位警察抓到了，那位警察所表現的態度卻意外的和善，他先問一些「你要到那裏去？」「這部車子保養得還不錯……」等等與違規停車完全無關的話，朋友見對方如此客氣，便老老實實的回答了他的問話，同時還天眞的以爲對方會放他一馬。

三、立刻揣摸出對方的心理

對方為了抓住你的弱點，可能會打擊你的自尊心。

結果他弄錯了，警察還是開了張罰單給他，而更氣人的是，當他回家看到晚報，才知道自己的車子與當天發生的某案件的兇車同型。

說來這並沒有什麼大不了的，他只不過接受了一次職務上的詢問，但是心裏覺得窩囊的是：把警察的和善態度當做了好意！由此可見現在的警察也很懂得心理戰術，同時也顯示了，卽使是警察，也不可以打擊別人的自尊心以探測對方的弱點。

每個人都有不願意讓陌生人侵犯的心理地帶，平常都會堅固的防衛著，但是有時在無意識的會話中，一旦被突破，就會產生「與對方很熟了」的錯覺，而覺得對方很有親切感，願意回答對方的問話，事實上，對方已經侵入了自己的深層心理，像這種侵犯，已有打擊對方弱點，支配對方的慾求了。

如果初見面的人，毫不客氣的發出牽涉到自己自尊心的質問，先不要以爲他對你有好感，是在關心你，事實上他是要探索一些你的弱點，所以必須提高警覺，否則會吃虧。

70「無表情」乃是「有表情」

一個沒有表情的人，難免會給人一種深沈，不易捉摸的印象，而令人覺得不容易對付。尤其是首次見面時，照理應該面露微笑，但卻有人打一開始就沒有表情，無論你跟他講什麼，都沒有絲毫反應，喜怒哀樂不形於色，使你無法猜測對方是有樂趣呢？還是毫不開心？講得好聽一點，就是高深莫測。

不過，只要稍做研究，你就不會對這種人感到難以對付了，因爲對方的「無表情」，正是他的「表情」。通常一個人的內心有強烈的挫折感、敵意或不願意讓別人知道的情感時，便會產生一種抑壓作用，使得臉上毫無表情。也就是說：「無表情」並不是沒什麼可表現的，而是內心有太多的情感集結在一起所產生的。因此，當你遇到一個樸克牌面孔的人，多半可知道這是一位內心充滿著各種糾葛的人。

71對方滔滔不絕，並不是「想要說話」，而是「不讓你說話」

與你面談的對手如果滔滔不絕，你多半會覺得比較輕鬆，因爲不必絞盡腦汁去找話題，也不必想盡辦法去探索對方的心理，從對方滔滔不絕的談話中，很容易捉摸出他的個性、喜好、環境、抱負……等。也就是說，他自已已經提供了很多可供你做判斷的材料。但是你必須弄清楚，一個很愛說話的人，並不一定是個在任何場合都喜歡表現的人！

有一次，我陪一家人去相親，因受女方父親之託，對那位男主角特別注意。起初均無異狀，男方和女方都很大方的交談，但是忽然之間，男方變得愛說話了，只見他一句接一句的說著沒有停止。我覺得奇怪，便仔細回想了一下，才發現這位男人是在他們提到薪水問題時才開始多話的。據我猜測，他很可能收入不多，不願意對方提到這件事，才會有這種反應。

這可說是個典型的例子，說明了人在多話時，並不是爲了表現自己，其多話的動機，是爲了阻止別人說話。因此，當與你面談的對方突然喋喋不休時，你應先懷疑這傢伙可能不願意面對你剛才的問題。總之，多話不是善辯，這只是想隱藏自己的一層煙幕而已。

72特別和善的態度，可能是排拒的表示

一位保險公司的業務員曾告訴我，當對方對你特別客氣，和善的聽你說話時，十之八九，他的這筆保險一定拉不成，因爲他在最後總會說：「讓我考慮兩三天，再給你答覆好嗎？」基於他剛才的客氣態度，你自然會忙不迭的說：「沒關係，我等你的好消息！」可是第二天，便接到對方的電話拒絕了，因此如果你以爲對方如此和善的對待你，事情必定可以成功那就大錯特錯了。

我下面的話可能會引起保險公司的不滿，但卻是實情；一般人知道對方是來向自己推銷保險時，神情總不會太愉快（除非有意詐欺保險金！）因爲無論是健康險還是人壽險，聽起來總是不太舒服。所以如果你是位保險業務員，當你與對方洽商時，對方竟神情愉悅，態度非常和靄時，就得提高警覺了，也許他心理有某種企圖想予隱瞞。也許他對自己的健康感到不安，或者是與家人的關係搞得不好，不想把財產留給家人……。總之，態度和善，並不表示你的話使他起了共鳴，而純然是內心有所隱藏的一種表現。

人在遇到與自己的不安有關的話題時，爲了不讓別人知道自己的不安，往往會採取相反的態度，這在心理學上，是一種反動形成，也是一種防衞手段，最常見的例子，就是對自己憎恨的人反而特別客氣。例如：後娘對繼子，妻子對風流的丈夫……前者不願意承認自己對繼子的厭惡，後者也不願意相信丈夫對自己不忠實，這些不安的心理所產生出來的，便是非常和善、客氣的態度。

所以，若爲對方親切的態度所蒙蔽，以爲對方已經接受了自己，就是個很大的錯誤。相反的，你必須覺得可疑，詳細觀察這是不是對方爲了要隱藏不安而表現出來的演技。

73對方請你抽煙，表示接納了你

一些作風較海派的公司，會客室中均備有煙盒，用來招待訪客們。有人認爲此舉過於浪費，其實向客人敬煙，除了顯示公司的闊氣之外，還另有別的作用。

如果你到這種公司做客，對方並未一見面就拿煙敬你，而你又正好想抽時，可以大大方方的拿出自己的煙來請客，這並不算失禮。

特別和善的態度，可能是排拒的表示。

如果你們談了好一會兒時，對方才想起了什麼似的說：「啊！抽煙抽煙！」一面把煙盒子推過來，這個舉動，表示他接納了你，對你有了好感。這種行爲不止可應用在請抽煙上，也可用在別的餽贈上。別人送點小東西給你，多半是願意與你發生友善情感的一種無意識之心理作用。反過來說，當對方無意與你有親密的人際關係時，過年過節，總不會送禮物給你。

因此，如果會面時，對方向你敬煙，可以說是一種向你表示好感的標誌，如果你在此時拒絕了對方的煙，而抽自己的，那就是一種排拒對方的態度。

74 對方的手不停地在口袋中進出，表示他想鬆弛自己的緊張

我有一次去參加朋友兒子的喜宴，與一位古稀之齡的老人同席。婚禮開始之後，免不了有來賓致詞的場面，輪到一位朋友致詞時，只見他一手持著麥克風，另一隻手一下子放進口袋中，一下子又拿出來，因爲他站著，我們坐著，所以他這種舉動大家都看得很清楚。由於他插口袋的動作太過頻繁，大家看著看著，竟然有些兒眼花繚亂了！

身邊的這位老人後來終於忍不住的對我說：「現在的年輕人眞是太不懂禮貌了！」這位老人家認爲在許多來賓之前講話，把手插在口袋中是一種極不禮貌的行爲，這種論調在某些時候可能是對的，但是我親身經歷這個場面，所以不表贊同。這位致詞的朋友所以會頻繁地插口袋，乃是

一種緊張中的無意識行為，並非是傲慢無禮的表現。

每個人在緊張的時候，多半會做出一些消除肉體緊張的動作。這位致詞的朋友把手插入口袋，也正是為了容易接觸自己身體的位置，提高手部與身體的親密性，以鬆弛自己的緊張。

如果對方是與你初見，而又做出這種顯然有違禮節的動作時，你千萬不要以世俗的眼光來批評他，而應該了解他的緊張，而且當你接到他的這種緊張信號後，應幫他鬆弛下來，這才是最重要的。

75 想要藉第三者來測探對方時，應以無關主題的人或物做為題材

想探測對方的眞意、想法、或是對自己的感情時，可以以另一個人來做為話題。但是有很多人在這時提出來的，往往是對方的敵人，這種行為可能是想藉著辱罵或損傷敵人，來間接的誇獎對方，以為這樣一來，對方就會放鬆心理，說出眞心話。其實事情並不這麼簡單。

如果對方對他的敵人有强烈的反感或憎惡時，不但不會表現出來，反而會隱瞞。你的這種想利用第三者以探測對方心意的手段，會產生更高的警覺，這樣一來，更不可能表現出眞意了！很多業務員在與人初次談生意時，很喜歡提出另一家公司來（尤其是與對方競爭十分激烈的公司）

，想由對方的反應中探出一些虛實，但是殊不知這樣做的結果，多半只能招來一些不眞實的話。

所以，在需要時，應該挑一個與你們談話的主題完全無關的，例如：棒球或高爾夫球的選手、電影明星……等等，當他發表評論時，你就可以從中緩和自己緊張的心情。

76 故意提出苛刻的條件，可測出其誠意

在日本今年度的職業棒球選拔會中，選出了業餘球團的木田勇先生爲第一投手。木田勇先生加入職業棒球的條件，除了一筆龐大的契約金之外，還要求數百坪的土地，結果他這一手掀起了軒然大波；職業棒球界、球迷、傳播界等都認爲他的要求過分而議論紛紛。但是我卻認爲木田投手此舉可說是個很巧妙的「牽制球」。

因爲想要知道對方的誠意，特別提出一個對方不易接受的條件，看看對方會有什麼反應，是最簡單的方法。我們可藉著對方的反應，探知其態度。因此，我知道木田投手提出過分的要求，只是想知道球團的誠意如何，對自己的評價又如何。他的目的只是這樣而已，否則不可能在受到傳播界的責難就立刻放棄了要求。

同樣的，想探測對方的誠意如何時，你也可以用這個方法，投一個「牽制球」看看。如果我的看法沒錯，這位懂得高度心理戰術的木田投手，他也會利用此戰術以試探打擊手的實力，而活

躍於球場之上的！

77故意提出相反的論調

如果你與對方面談的目的，是想要知道對方的想法，就必須在有限的時間之內，盡量正確地掌握對方的形象。掌握的方法必須靠各種深度的心理技巧。其中有一種稱為「壓迫面談」的，使用起來效果很不錯。典型的例子是：提出一個令對方不快的質問，置對方於孤立狀態，迫他做兩者間的選擇。換句話說，就是「欺壓對方」，陷他於危機的狀況，看他的反應。

一個人處在危機中，就好像赤身裸體地立在衆人面前一樣，因爲其裝飾外表的「理性」已經失去，既然沒有了僞裝，心理的情況便很容易暴露出來了！

我曾經在電視節目上邀請一百名國會議員，做過類似的探測。當時攝影棚內放置了一百張三面椅，議員坐在椅子上，兩側和後面都是高高的遮板，無法看到其他的人，只能面對主持人和攝影機，而且必須戴上耳機，這樣一來，坐在椅子上的人只能聽到主持人的問話，其他完全「與世隔絕」。在這種情況之下，每位議員的表情都令人叫絕，一些平常有錢有勢，姿態優雅的議員，在碰到較尖銳的問題時，竟顯現出了平常我們絕對看不到的表情，有的甚至憤而退場。

以取材積極、果斷而聞名的國際政治記者落合信彥先生，在其著作「美國放棄日本的日子」

一書中，就曾表示他取材的信條便是「使對方生氣」。這種方法是一種爲了要使警覺性很高的厲害人物說出眞心話的殺手鐧，故意以無禮的態度，或是使對方神經可能錯亂的各種質問，這便是所謂的「壓迫面談」。落合先生能夠收集到別的記者採集不到的新聞，便須歸功於他這種能掌握人心的心理戰術。

想探測對方說的是否爲眞心話，或者想知道他對當時的話題關心到何種程度，便可利用「壓迫面談」的方法，故意提出對方不滿意的意見，不過，如果僅僅只是爲了想知道對方的誠意，卻會因此把對方搞火了，反而對你不利，除非你已決定與他一刀兩斷，或者你還有法寶可以使他息怒。因此如果你沒有處理人際關係的信心，我勸你還是不要輕舉妄動。

不過，我還可建議你用另一種方式說話，例如：「大家都說……」，把發言權推給第三者，避免自己直接提出來，當然所提出來的，應該是令對方不愉快的事，這樣我們正可藉著他的反應，好好觀察其內心和人品如何。

78 問話須用疑問句，以避免對方僅用「是」或「不是」來回答

我在擔任心理顧問時，經常得向顧客提出各種詢問。詢問的方式，一種是利用疑問句，另一

種則是沒有疑問句的問話。前者卽是所謂5W1H式問話，就是常用，「爲什麼」、「何時」、「何地」、「何事」、「誰」及「如何」這六個疑問句。後者則是以「你是不是……？」或「你是否……？」的語式來問話。有疑問句的問話可使對方有個回答的中心，不像後者，被問的人只回答「是」或「不是」就行了！像這種沒有疑問的問句，只適合簡短的面談，如果想要多了解對方，絕對不可以用，否則在談話中，對方一直處於被動的地位，你辛辛苦苦準備的話題只能得到對方的點頭或搖頭罷了。

因此，簡單的問話只能做爲見面開頭的熱身操，之後就不能再用「是」、「不是」的問話了，應逐漸增加帶有疑問句的問話。例如：「你喜歡什麼？」「爲什麼？」「你打算到何處渡假？」「你以爲如何？」……等的連續質問，使得對方必須以更多的話來答覆你，由這些話中卽可具體地反映出對方內心所想的事情。

在人際關係上，當你想探測對方的心意時，最要緊的就是讓對方說話，因此，你就得使用這個有效的方法。

79 對方批評第三者時，要注意是否對你不滿

報上經常有各種運動比賽的報導，其中最受人矚目的運動項目之一，便是棒球比賽。比賽的

精采，便是在於其變化莫測的戲劇性，尤其是原來一比〇或二比〇的隊伍在最後一局時却來個失誤，以致坐失江山，慘遭敗北。原先勝算在握的投手在接受記者的訪問時，難免會露骨的說上幾句：「我很遺憾……這次的致命傷是野外手的失誤造成的……如果……」

這位投手可能是眞的爲野外手的失誤而感到生氣，但是其言外之意是在怪教練調動人員有失職之處，因爲他無法對教練提出直接的批評，只好以批評另一位選手來代替了！

這就是心理學上所說的「代償行動」，一個人在無法滿足自己的要求時，會以其他的行動來滿足自己的心理。尤其是初見面時，因爲不便批評對方，只好轉而批評第三者以宣洩自己的不滿。每個人都有這樣的心理，必須注意。

80 話說一半讓對方接

人的性格與精神的內部狀態，可以利用其解釋某種模糊圓形的言語判知，這在心理學上，稱之爲「投影法」。其中較有名的便是羅沙試驗（Rorschach fest），那是一個左右對稱的墨漬，形狀很奇怪，每個人看了之後會有不同的感受，有的人說像蝴蝶，有的人說像蜘蛛，總之，心理學家可根據你的說明來解釋你的內心。

另一種測驗法是「文章完成法」，先給你一個開頭，再讓你接下去，例如：「小時候我……

」或「我的父親是……」，可由你完成的故事中探測你的內心。

同樣的，要讓一個不愛說話的人開口說出眞心話時，應用類似的方法也會有效，例如：「你的意思是……？」「你說的，就是……」或「這樣一來，你打算……？」像這樣，話講一半故意中斷，看對方如何接下去。其效果與「文章完成法」的效果一樣。對方在接話時，無意識中說出自己的本意，如果他不接下去，你卽可知道對方對這個問題有抵抗感，不願意回答。

81 對方顧左右而言他的對策

卽使是初見面，有些人在談話時，也會不知不覺地扯到主題以外的事，而且愈扯愈遠。然而在這個工商業社會中生活忙碌，面談的時間實在有限。因此，當對方盡講些與話題無關的事時，性急的人就會焦急不安，想把話題扳回來。不過，我要奉勸各位，如果想多了解對方，讓自己的計劃更順利的進行，就不要這樣做。

依常理判斷對方會將話題轉向，有三種情況，第一、是完全的不小心，也就是不知不覺地將話題扯遠了。第二、是心血來潮，忽然想到了他得意的事。第三、是故意的轉變話題，不願意再談原來的事。這三種情況中無論那一種，最聰明的方法都是以靜制動，暫時不要去打岔，讓對方說下去。第一種情況時，對方講呀講的，會突然想起來自己在講什麼，而主動的打住。第二種情況時，待他講完了這件事，他自然會回到原來的話題上去。如果對方還是興高采烈的講個不停，那就很可能是第三種情況了！既然是第三種情況，那就表示他不願意與你商談本題，你再勉强反而不快，還不知道他的意思讓他亂講，你正好可以利用這個機會觀察他的心意與動向。

82看不出對方的眞意時，不妨與其話家常

職業拳擊比賽上，除非兩個選手的實力懸殊，否則不可能在兩三回合中就分出勝負。通常在比賽的前半場中，雙方都會以「戳刺法」（jab）來刺探對方的實力，也就是雙方跳來跳去，不時的伸拳碰擊對方一下的戰術。在初次會見時，你完全不了解對方的個性、感情或心意，也就必須像拳擊賽一樣，來個「戳刺」，以探測對方的實力如何。

那些與商談主題無關的家常話，便是初見面的「戳刺」，最能探出雙方的虛實。

如果對方很高興地與你話家常，就表示他願意接納你，當你將話題轉入你的本意上時，即使他不太樂意，也不會產生强烈的反感，而且也會或多或少的有所反應。這個時候，就要看對方的反應來決定進退了，是再給幾個「戳刺」呢？還是修改一下你原來的戰術呢？

有的人在毫不知道對方的心意時，就直截了當地談到主題，這種戰術有時會奏效，但是多半會受到對方的反擊，對方若是個厲害人物，不消兩三回合自己就會被打倒。想要成爲一個心理戰

場上的老選手，就必須避免這種開門見山式的作風，改用穩當一點的方法，方可獲勝。

83對方若有疑難之色，可以直率地問他

在推銷術中，一定有「談話中應注意對方表情的變化」這一項。能夠時時注意對方的心理、周圍的狀況、隨時臨機應變的人，才有資格成爲一流的推銷員。

人不一定都以言語來表現心理的狀況，尤其是那些用語言不易形容的感情，每當不知道如何表現自己的情感時，臉上的表情，就會出現微妙的變化。

有的時候，人對自己那份難以說出的感情，會期待對方了解或看出，但是有些時候，非但不想讓對方知道，甚至想隱藏起來。這種種變化，或多或少，都會出現在人的面孔上。無論是那一種感情，當它展現出來時，如果你不注意而繼續自顧自的說下去，就會帶來於你不利的結果。因此，當你與人面談時，要隨時注意對方的表情，一旦出現了類似的表情時，要立刻停止自己原先强迫性的說法。如果你改變語氣或說詞之後，對方的那種表情尚未消失，可以率直地問對方是否有什麼困難，這樣做可以將對方難以啟口的心事，或是心理的疙瘩予以表面化，同時更能了解對方的心理。

84 對方不願意透露眞心時，可以讓他以第三者的身分發表意見

一個會議的主持人，有時會遇到必須讓出席者說出眞心話，而對方卻不願意表示出來的情況。爲了不使場面冷淡，也爲了你的主持能夠成功，你最好能採取這個方式，不要直接問對方的意見，而讓他以第三者的身分來發表意見。

例如：如果你想問一位年紀較大的人：「你對現在的年輕人有什麼看法？」他也許會輕描淡寫的說：「不錯！很有朝氣……」只是一些表面上的恭維話，如此便無法探出他的眞意。但是如果你問他：「像你們這個年紀的人，會以什麼樣的眼光來看現在的年輕人？」對方成爲「這個年紀的人」，而不是「自己」，就會說出一些較中肯的批評。在形式上，他是個「第三者」，而在內容上，其實就是「自己」。

像這種不直接問對方的意見，而以第三人稱的身分讓對方發表意見的方式，是身爲輔導人員、會議主持人、節目主持人應有的技巧。尤其是心理輔導人員，爲了要探索對方的內心，讓他說出不願意讓人知道的話時，就應該用這種方法，使得對方認爲說出的話與自己無關，而放鬆心情的高談闊論。

85如果認爲對方有敵意，可以直接發問

經營百貨公司或各型商店，常常會遇到顧客要退貨或換取其他貨品的事，碰到這種情況，老練的店員都能處理得很好,他們不等客人說出理由,就會先發制人的說:「你對這商品有何不滿?」

客人會來退貨，一定是對商品本身有不滿意的地方，但是一般人在買到了品質不良的東西後，自然都會將怒氣出在賣這件物品的商店上，認爲:「這家店賣的東西眞差!」老練的店員爲了要維護商店的信譽，同時也爲了長期抓住這位客人，必須將客人的不滿轉回到商品上，讓對方覺得這是一家好商店，不好的只是商品本身。

像這種老練店員應付客人的方法，也可以應用在不順利的初次見面上，例如你察覺到對方有明顯不滿和敵意時，可以直截了當的發問:「我好像不該來?」「這個說法是否使你覺得不滿?」如果對方說了「我本來不想說的，不過既然你問了，我就告訴你……」。他會徹底的將自己的不滿說出來，這樣也可消除你們之間的阻礙，找出解決的方法。如果對方說:「不，不，我沒有這個意思!」事情也算是有了個結果，不管他說的是不是眞心話，話一旦說出來，就得受自己的約束，而產生「宣言效果」的心理作用，這使他不得不壓制你的不滿和敵意。

86對方若有「語病」，可反覆追問

目前很流行「心理協談」，大家有了感情上、精神上的煩惱時，都會求教於這類機構，以打開心理的結。我有位朋友正是從事這種心理顧問的職業，因爲客人很多，他必須在有限的時間內傾聽對方的煩惱，捉住對方煩惱的根源，給予適當的勸告。但是如果判斷錯誤，就會受到嚴厲的追究——這是一件出力不討好的工作。

從事這種職業的辛勞是可想而知的，但他們也有直得自豪的地方，就是他們學會了如何探索對方心意的技巧，爲了提供出解決的方法，必須迅速而正確地捉摸出對方的意思。我這位朋友經過了全心全意的研究之後，他終於體會了這項「特技」。據他所說，當他在聽對方說話時，如果聽到了略帶「語病」的話，立刻會捉住而予以反覆的追問。

有一次一位太太去找他，她的煩惱是懷疑自己的先生有外遇，因爲她的丈夫天天都藉口加班而晚歸。首先，她先數落丈夫的不是，然後說：「只有丈夫在外面亂搞，我絕對不能原諒……」，朋友立刻反問：「你說『只有丈夫』是什麼意思？」她說：「大家都認爲在外面風流是男人的專利，這是以前的想法了！瞞著我做這種勾當，等於是背叛我……」

朋友又問：「以前的想法？那麼，妳現在的想法是認爲女人也可以風流了？」

她回答說：「不，不是可不可以風流的問題，而是他欺騙我，我才覺得生氣！」

朋友又問：「那麼，如果妳先生不瞞著妳，大大方方在外面玩女人，妳就無所謂了嗎？妳是認為彼此諒解，誰都可以風流嗎？妳認為丈夫可以這樣做，妳也可以去交男朋友了？」

結果，這位太太很不好意思的承認了！談話會有這樣的結論，全是起自於她開頭的那一句「只有丈夫」，這句有語病的話透露了她心底的慾望。至於我這位朋友提供了些什麼解決的方法我沒有再問，我只注意到這種談話技巧也可應用在初次的會談上。

87 不要在生人面前回憶自己的光榮史

下班之後同事之間找個地方小酌一下，是領薪階級的一種樂趣。不過凡事皆以中庸為宜，如果過度，遲早會因此引起紛爭。

一天晚上，我在一家餐廳吃飯，鄰座有一堆人，看樣子是同一家公司的同事，他們一夥人邊喝酒邊談天，酒酣耳熱之際，講的話多了，聲音也提高了。我就坐在他們的旁邊，很清楚地聽到他們談話的內容。

一位五十多歲的漢子聲音最大，他不停地提到他在二次世界大戰中各種驚險的經歷，其他的人也隨聲附合，沈緬在過去的回憶中，你一言我一語，場面熱烈極了。突然，一位三十多歲的年輕人大喝一聲：「不要再說了！」

不要在生人面前回憶自己的光榮史。

大家都怔在那裏，不知如何是好，過了半天，才有人打圓場，先把那位話多的漢子勸走，再讓人送那位年輕人回去。我聽著聽著，才知道那位年輕人的父母都是在大戰中死亡的，所以當別人興高采烈地回憶戰時的光榮史時，對他來說，却是一場痛苦的回憶。也許是酒喝多了，藉著酒精的力量才敢大聲制止別人繼續說下去，如果在平時，相信他也只能把痛苦埋在心裡，不能表露出來。

過去的回憶，有時候的確是擴大話題的好材料，但有時候却不一定會令對方快樂。有很多人在初見面時，爲了不出現冷場，會問對方的一切過去、故鄉的情況等等的事，但是必須考慮到有的人不願提到這種事。所以，如果話題轉到了這方面，應時時注意對方的反應，因爲每個人心底的情感或多或少都會表現在臉上或動作上，如果發現不太對勁，就得趕快打住。

88 被誇獎時，要先表示謙虛

某公司的人事主任曾告訴我下列這個秘訣：在應徵者的履歷表中，有「專長」一欄，這是面談時最好的詢問材料。由這份資料，不但可了解對方有那些才能，也可了解應徵者的適應性、個性、以及其他人際關係。他在做面試時，都以這一欄的資料做爲話題，例如：「哦！你懂得法語，這很難得！」、「你的圍棋已入段了，眞令人羡慕！」，應徵人聽到這些誇獎，心裏的防備一下子就會鬆懈下來，以率直的態度回答你的各種問話。

了解這一點之後，你得小心留意會面時的這一招了！當你聽到誇獎、奉迎的話時，別太單純而一味的高興，如果你一受誇獎就得意揚揚，難免會被認爲是個「單細胞」，不過，如果你扳著臉孔，抱著懷疑、警戒的心來對付，也會傷害對方的情緒，影響了會談。所以最好的方法是先表示謙虛，再探索對方的目的是什麼，從對方的誇獎及讚語中，不難發現對方對自己的觀察是否含有成見、忌妒一類的因素在內。

89 等待的時間，是觀察對方的好機會

約好的時間都過了，對方還沒有來，這個時候大部分的人都會感到不耐煩或是不安，有的人會走來走去，有的人會頻頻抽煙。在我來說，如果遇到了這種情況時，會抑壓住心內的不安，以冷靜的心情等待著對方的來臨。如果對方是故意讓你等待，而你又表現得焦燥不安，這不就等於不戰而敗了。

因此，反正都要等待，不妨將其看成是觀察對方的一個好機會。如果等待的地方是對方的家裏，更加理想；牆上的一幅畫、客廳角落的一個小擺設……都能流露出對方的個性或情感，你可藉此推測對方的形象。因爲個人收集的物品，最能反映出一個人的個性與感情，也能在小型聚會上產生潤滑的作用。你可在事先詳細觀察，以便在適當的時候提出來加入在談論中。

像這樣，把對方的戰術反過來應用，可以壓抑住因等待而產生的不安感，從容地等待著面談的來臨。

90 初見面時要先測量對方的「共鳴能力」

有很多人爲了想讓初見面的人放鬆心情，往往會說個笑話，可是講了半天，對方仍無表情，使得講笑話的人尷尬無比。也許你本人就曾有過這個經驗。對方所以會笑不出來，也許他根本沒有心情聽你講這個笑話，也許他只顧講他自己的，並不曉得你在講笑話。遇到這種人，一般的心理戰術根本行不通，如果你在不小心，捲入對方的陷阱之中，那就一蹶不振了！如果再產生疑心：「我剛才那句話好像不太禮貌！」「完了！說錯話了！」這樣一來，本來想說的話更是一句也說不出來，這次的會談就因此閉幕。

為了不在初次見面就遭遇這樣的危機，必須就在一開始就測量對方的「共鳴性」如何。心理學上所謂的「共鳴性」，是指去感覺別人心理世界的能力，簡單的說，就是對方能否了解自己所說的意思，其了解的程度有多少，這種「共鳴能力」與個性、教育、成長的環境、職業等雖也有關係，但有一部分是與生俱來的。有的人天生比較敏感，任你說破了嘴還是似懂非懂。

想要辨別對方是否具有「共鳴能力」，可以講一個無關緊要的笑話，或是談談社會上新近發生的事就可以知道了。觀察對方是毫無反應呢？還是反應過於熱烈，凡此種種均可顯示出對方的常識水準是否可以與你溝通。

四、第一次就要讓對方記得你

序言

當我們與人初次見面時，一定會留下一個「第一印象」，諸如：這個人不太嚴肅、很和氣、很聰明……等等之類的印象。造成印象的因素往往會根據自己過去的經驗，由對方的穿着、態度、體格、容貌、神情等做爲「評定項目」。其實這樣得來的印象最不可靠。

儘管如此，我們與人初次見面時，仍很在意「第一印象」，因爲就算你不注重，對方還是會以第一印象來評定你的爲人，而且幾乎每個人都不願意修改這種第一印象。

美國心理學家亞西就曾做過這種「第一印象」的研究，他發現許多人在第二次見面時，仍會根據第一次見面的印象改變第二印象。也就是說，如果第二次的印象與第一次的印象不符，他會改變那不相同的部分以求得與第一印象一致，因爲大家都以爲第一印象是最正確的。

然而不管對方對自己的第一印象是否可靠，我現在就要告訴你，到底用什麼方法，才能給初見面的人留下一個好而强烈的印象。

我承認在亞西的研究之中，就隱藏有這個方法。也就是說，無論你留給對方何種第一印象，再見面的時候，必須製造出更强烈的印象。如果你給對方的第一印象很好，就必須連續提供新的訊息給對方。但如果你給他的第一印象模糊不清，或是很惡劣，也不必耿耿於懷或自暴自棄，只要設法給對方足夠破壞第一印象的更強烈的形象就可以了。你給他的強烈形象，有時會扭轉他原先對你的看法，就算一時無法改變，當他想以第一印象印證時，也會受影響而猶豫不決。用這樣便能慢慢改變對方對自己的第一印象，而當你要告辭時，第一印象就會消失，只留下後來居上的印象。

本章所要介紹的，便是如何使對方對你的第一印象更加強（如果他對你的第一印象很好），以及如何扭轉他對你的第一印象（指不良好的印象而言），以及在分手之前，如何改變你給對方的第一印象。如果你能完全體會這種心理技巧，就不必再用心研究下一章的「讓對方點頭的心理戰術」了！

總之，能留給對方一個好的印象，便能穩操勝算，希望下列的任何一個章節，都對你有用！

91 如果遲到，不解釋便是最好的解釋

第一次見面就遲到，是一項不可饒恕的罪過，最好小心避免。但我們都是凡人，無法預料到什麼時候會發生什麼樣的事情，因此，在重要的初見面就遲到的事，這個社會上比比皆是。假如你遇到了這種情況，心裏焦急得不得了，結果會影響原先的計劃，還不如鎮靜的應付，設法扳回因遲到而帶來的不利。

我看過很多遲到的人，急急忙忙進入會場之後，不先道歉，反而急著解釋自己遲到的理由。這樣做固然是人之常情，因爲既然遲到了，總得解釋一下。可是太過匆促的做解釋，看起來反而很像是在爲自己的遲到做辯解，尤其是氣急敗壞之際，看來更有理直氣壯之嫌。

通常說來，約會的時間有限，既然已經遲到了，就更須把握僅餘的一點時間趕快展開討論。對對方來說，與其再浪費一點時間聽你的解釋，還不如趕快地把事情解決，更何況是初次見面，兩人彼此一點都不了解，你的解釋他未必會相信，如强迫別人原諒你，反而留下更不好的印象。

既然違反了見面不可遲到的規則，道歉是免不了的，不過，想要收回失禮的步驟，最好還是挪到後面去吧！先靜下心來，關心一下對方的立場，這樣反而可以改變對方對你的原來印象。

如果遲到，不解釋便是最好的解釋。

不要搶著解釋你遲到的理由，應先以誠懇的態度道歉，因爲你的遲到，先就破壞了對方整個的計劃。然後和對方措商剩下的時間要怎麼分配，尤其必須站在對方的立場上來進行。

西方人常說東方人是經不起道歉的民族，誠心誠意的道歉要比冠冕堂皇的理由更容易讓人接受，只要記住這一點，你的戰術就無往不利了。

92 見面之前，先擬定推銷自己的重點

一天，我的辦公室裏來了個人，說要討教有關才能開發的問題。據他稱：他們公司想編排一套培養人才的課程，這項工作落到他的頭上，但他是個外行人，什麼都不懂，所以特地來向我請教。因爲他的態度很謙虛，我也就不厭其煩地爲他做各種建議，並加以解釋。可是不久之後，他說出了許多意見，這些意見聽起來，都不像是個外行人的理論。於是我才恍然大悟，這個人只是打著討教的旗號，其實他眞正的目的，是要推銷自己。我覺得非常憤怒，事實上，他大可一來就表白：「請你聽聽我的意見！」不必用虛僞的藉口做幌子。

與人見面，都有個主題（目的），爲了要達到目的，必須要給對方留下一個好的印象，但是不能夠像上述例子的那個人一樣，原先的說詞是一回事，後來又現出另一副面，且給人一種頭尾不連貫，甚至虛僞做作的印象，這樣就前功盡棄了！

初次見面，因為對方對自己沒有任何印象，所以必須在「製造好印象」上下功夫，在見面之前，就先擬定好一套推銷自己的計劃，按步就班地實施。

93 不想聽對方自吹自擂，應先開口誇獎

以爲自己是個大美人的電影明星，或是自以爲聰明過人的年輕政治家，往往得不到衆人的好感。雖然他們的美麗或是聰明，都是事實；可是在我們尚未發出評定之前，對方却現出强迫你承認的態度，就會引起我們的反感。因爲這些是大家有目共睹的優點，沒有必要特別强調，可是在他們說來，不表現一下就覺得不滿足。依我的經驗看來，我要跟這樣的人見面時，一定先誇獎他們的優點，讓他們在志得意滿之際，走入了我的計劃而毫無所覺。

通常這種過於沈醉在自己的優點之中的人，往往不了解人心微妙的心理，反而很容易對付。

如果你與人初次見面時，對方先誇獎你，讓你先掌握說話的主權，最後再貫徹他的意見，你就必須提高警覺了，如果你上了他的當，在他佩服的表情之下滔滔不絕的發表「高論」，一時之間你會以爲自己已占勝算，可是回去之後，就會發現對方是個專家，因爲他先下手誇獎你，使你在毫無防備的狀況下，將內心一覽無餘地展現出來。

94給接待者好印象，等於是給接見者好印象

我外出時，內人便在家中代理一切事務，其中最主要的，便是接待來訪的客人。有趣的是，我太太在無意識之間，會給首次來訪的客人分等級。他自己並不知道，可是我卻很明顯的感覺到她的報告中，含有「XX的事很要緊」，「XX無關緊要……」等不同的意思。在他的感覺上，也許覺得自己的傳說很客觀，可是他不曉得她對那些訪客的「第一印象」已經足以影響我的判斷了。

在一個機構中，接電話的人也會對打電話求見的人分等級，尤其是女秘書，當她接了很多電話之後向經理作報告時，會有下列不同的口氣：「有位陳小姐打電話來，說有很要緊的事，請經理明天抽個空見見她！」「還有一位李先生，電話裏沒說什麼，大概沒什麼事！」「另外一位XX公司的羅小姐，講話不太客氣……」

想想看，僅是一個電話，就會給人造成種種不同的境遇，更何況是面對面了！老道的推銷員對在家門口玩耍的小孩子特別和靄可親，對大公司的櫃台或接待員也彬彬有禮，便是這個緣故。

95先要求對方給你「幾分鐘」，就會有足夠的面談時間

在要求見面之前，問對方能給自己多少時間，或是預先告訴對方正確的造訪時間及結束的時間，這些都是人際關係上應有的禮貌。但是我們切不可因爲這是很平常的禮貌而忽略了，一心一

意放在面談的計劃重點，事實上，成功的基本要素就在這裡，只要應用得當，其效果比心理戰術更大。

與對方第一次見面時，經過寒喧之後，應該先問對方：「我今天是不是可以打擾你到X點？」如果對方是個大忙人，可先請問他：「能不能給我十五分鐘的時間？」這樣問，對方會感到自己受尊敬，對你的觀感頓時不同。如果約會的時間很短，你便可以把錶拿下來放在桌子上，隨時注意時間。

每個人都會有讓別人覺得自己很忙、地位很重要的慾求，因此你必須表現出「佔用你的寶貴時間」的態度，使對方感覺到：「你很尊重我」而得到滿足。只要對方滿足，你的訪問即使拖長了一些，他也不會怪你。

96在談話中多使用對方的名字，即可記住

優秀的推銷員對於只見過一次面的人，即使時間再短，還是能記住對方的名字。有些推銷員甚至在事隔幾年之後，偶然在街上碰到，還可叫出對方的名字，使得對方感動不已。好幾年沒有連絡，還能讓別人記得自己，任誰也會感到愉快。所以這些推銷員能有超人一等的業績，也就無庸置疑了。

四、第一次就要讓對方記得你

在談話中多使用對方的名字即可記住。

但我們也不要忘了，在他們這些輝煌成就的背後，有著不爲人知的辛苦，我無法一一介紹出來，只能舉出其中比較簡單，誰都可以做到的推銷術實習法，也就是上述「記住對方名字」的方法。

想記住對方的名字，在談話當中要盡量稱呼對方的名字。如果你和一個受過訓練的推銷員談過話，就會發現他們對於初次見面的人很少用「您」、「貴公司」、「經理」……一類的代名詞，而是稱呼頭銜或公司的全名，例如：「李大鵬先生，我很佩服你的成就！」「萬人建設公司名聲響亮，我早有所聞！」即使不說出全名，他們至少也會加上姓，如；「林經理！」「謝董事長！」。

像這樣，在談話中一再使用對方的全名，使

得腦中的固有名詞和眼前的人物形成雙層印象。在對方來說，連名帶頭銜的稱呼要比「你」來得更親切，更對你有好感。要記住對方的人和名字，除了應用這個方法之外，還可時時整理收到的名片，一年寄出兩三次問候卡，以加深自己的記憶。

在我來說，爲了記住學生的名字，也採取類似的方法，時時在課堂上點名，有機會時便與他們合照，稍有遺忘時便取出來溫習一番。這樣一來，他們的名字便會變得更熟悉些。

97 道謝時，應一併提出對方的名字

各種戲劇、演唱會、表演……在結束時，表演者均會出來謝幕，在觀衆熱烈的掌聲中，表演人員一而再，再而三的行九十度的鞠躬禮，有的甚至單膝下跪行宮廷謝禮，敬禮的角度除了正向之外、側面、斜面，甚至舞台的最旁邊也都不錯過，只見他們誠心誠意地向著每個角度的觀衆深深的三鞠躬，還夾雜著感謝聲「謝謝！謝謝！」就在觀衆興奮、熱情的掌聲中徐徐閉幕，那份狂熱在閉幕之後，往往久久不散，觀衆往往興高采烈的討論表演的內容，不忍離席而去。

觀衆有如此熱烈的情緒固然與演出的水準有關，但是閉幕時演員的謝幕方式也大有關連，因爲他們的鞠躬和道謝，使每位觀衆都覺得演員是在向自己一個人道謝，這種感受實在不可言喩。

在日常生活中亦復如此，當你要向別人表示謝意時，光是口頭上的「謝謝」兩個字似乎太輕

描淡寫了，你必須學習舞台表演者的那種情感，深深打動對方的心。當然不是要你鞠躬如也，那未免又太做作了，最主要的是，你要讓對方覺得你是誠心誠意的道謝；最好的方法，就是一併說出對方的名字，例如：「林先生，太謝謝你了！」，你喊出了他的名字，對方的感受會截然不同，覺得你的確是在向他道謝，而不是客套話。

98 自我介紹時要好好介紹自己的名字

記憶術的技巧之一，有所謂的「記憶的連合」，就是把想要記住的事和其他的事連貫起來，使得記憶更深刻。在與人初次見面時，想讓對方記住自己，最簡單的方法，就是讓對方記住自己的名字。

這個方法聽來似乎簡單，但是做起來仍必須有相當的技巧，例如你姓陳，自我介紹時光是說：「敝姓陳」，相信別人都不會有什麼印象，因爲在姓陳的人中，你只不過是十幾萬分之一。因此你必須强調一下，例如：「我姓陳，這個姓是電話簿上最多的！」，對方一聽就會多注意，使你的重要性由十幾萬分之一轉爲三分之一或二分之一。

至於名字的介紹更容易，因爲父母取名字時多半是花了心血的，你只要多花些巧思，自然可造成特殊的印象。我認識一位小姐，叫康而麗，他自我介紹時總會說：「我叫康而麗，健康而且美麗！」雖很簡短，却能留給人深刻的印象，如果她說：「我叫康而麗，健康的康，而且的而，美麗的麗。」就顯得平淡無奇，沒什麼特殊之處了！因此，你不妨用心替自己的名字編一個連貫又有意義的介紹詞，使你的社交無往而不利。

99可以送點小禮物，但要別緻

英國女王伊莉沙白訪問日本時，有一節訪問NHK的項目。當時NHK派出的接待人，是該公司的常務董事野村忠夫先生。後來他告訴我一段他接待女王的小故事，我覺得可以提出供各位做爲與人初見時的參考。

野村先生被派到這個任務之後，便收集有關女王的一切資料，仔細研究，以便在初見面時，能引起女王的注意而留下深刻的印象。偶然間，他發現了女王所飼養的狗是一種長毛犬，於是他想盡辦法找到了一條綉有該犬種圖樣的領帶。在迎接女王的那天，打上了這條領帶。果然，女王一眼就注意到他的領帶，並露出微笑與他握手。

野村先生這一招實在値得我們學習，當我們與人初見面時，稍稍動點腦筋，就可以拉近彼此的距離，給對方好感。最好的方法便是先收集對方的資料，準備一些能引起對方注意的東西。不過，對方若是一個普通人，就不容易打聽了，但你可以根據其人的性別、年齡、職業……等做一般

四、第一次就要讓對方記得你

可送點小禮物，但要別緻。

的推測，通常中年以上的人都比較關心自己的健康；年輕的家庭主婦，較關心子女的教育；至於中年的太太，多半會對減肥有興趣……以此類推即可。

當然也可以用別的方法造成初見面的「媒介」，我有一位朋友每次到海濱避暑時，都喜歡帶著愛犬去買東西，經由這頭可愛的小狗，認識了很多朋友。因此，只要利用得當，只是一隻小狗也能使人建立起親密的人際關係！

即使對對方一無所知，也可先準備一些普通人都會關心的話題、新聞。如果訪問的對象是個家庭，帶點小禮物是最受歡迎的，既然要買禮物，不妨花點心思選購對方眞正有用的東西，這比隨隨便便應付會有更好的效果。

100 平實的話較能博取對方的信任

有些初次拜會別人的人，唯恐對方不記得自己，於是挖空心思講出許多「聰明話」，以顯示出自己的聰明、幽默、有氣質……。殊不知想說「聰明話」是個很可笑的念頭，還不如依照自己平時的語氣，說些平實的話，反而更容易收效。

這有兩個理由，第一，「聰明話」不是學得來的，也不是在短時間之內能惡補出來的，一心想說出有深度的話，會變成這樣講不行、那樣講也不行，終至無話可說，使得場面很尷尬。第二，就算你收集了一大堆「聰明話」，全記在腦子裏，到時傾筐而出，但是對方第一次見到你就發現你不斷的賣弄、要嘴皮子，難免會覺得這個人油腔滑調，不太可靠。如果你的表現並不流氣，也只是讓對方覺得你聰明、才氣過人，反而會興起不可大意的警戒心。這些對你都沒有好處。

我們稍稍注意一下，即可發現受衆人信賴、尊敬的，並不是才氣煥發、出口成章的那些人，而是為人誠懇，看來老實可靠的人。我認識一位村長，全村民對他敬愛有加，大小事都仰賴他出面，他說的話毫沒有特殊之處，都是親身經歷過的事，既不打誑語，也不願炫耀，從不唱高調，也不談過去的事。看他的外表，只是個普通老百姓，絕不是神采逼人的政客。

深受世人欣賞，認為其內容包含人生智慧之言的沙士比亞作品，以及許多世界名著中的語辭，都是些很平常、很陳腐的詞彙，這些作家不但不避諱這些陳腔濫調，反而很積極的使用，但因爲他們應用得當，使人讀來不覺得陳舊。以前的作家如此，近代的作家也不例外，像J・D・馬非（勵志書籍作家）；L・吉普林（「成功的人際關係」之作者）等人也都特別强調這一點說：「不要執意於深奧或好聽的話，相反的，要用最普通的詞句和身邊的事物做爲話題，來建立你的人際關係！」

尤其是與人初次見面時，沒有必要强調自己的才氣來造成印象，要先給對方「我是一個誠實人」的印象，才能建立起與對方來往的基礎，如果連這一點都做不到，那就遑論要博取對方的好感及信賴了！如果你表現得太聰明，對方自然也會有所準備，這樣一來，你們彼此之間就無法產生能夠溝通的信賴關係了！

101 強調「不像」比強調「像」有效

我有天在電視上，看到了一個很特殊的廣告，那是一位體軀龐大無比的摔角選手，正隨著音樂大跳輕快曼妙的踢踏舞！這個畫面，就像一隻大河馬跳芭雷舞一樣使人發噱！從來不會去記廣告商品的我，自從看了這一幕之後，卻牢牢記住了該廣告的商品名。

我之所以會有那麼深的印象，乃是因爲那位摔角選手托著超重量級的巨體居然還能夠跳如此輕快的舞蹈，這種對比的配合所產生的意外性深深地打動了我的心，才會使我留下强烈的印象。這是個很有趣的廣告，我想了很久，發現其最引人的，便是因爲跳踢踏舞使他「不像」個大力士，而造成了特殊而深刻的印象。

因此，在初見面時，你何妨也利用這種「不像」的效果？像一般人的印象中，銀行員都是很嚴肅的，但我卻曾遇到過一位笑容滿面，愛說笑話的銀行員，使我留下極深刻的印象。此外，記者也給人一種穿着比較瀟洒的印象，而我曾遇到過一位穿着黑色西裝的記者，亦使我覺得耳目一新。

當然，把自己本來的形象否定掉，聽起來似乎有些不划算，可是在某些時候，這種「不像」的意外性，反而會帶來特殊的效果。

102 藉「第三者」的立場提出反論

在製造人際關係的聚會中，或是必須給對方留下良好印象的初次見面中，大家都不好意思否定對方的言論，有時候對方明明說的不對，想提出反駁又怕得罪了對方，不提出來，又覺得憋著難過，而且混亂視聽。

尤其是處於第一次見面的場合中，如果正面地與對方唱反調，對方在做冷靜的判斷之前，常會先懷疑你是否有接受的誠意，因而產生反感。再說，在彼此尚未有些微的了解之前，一個小小的否定，往往會使得對方認爲你是在全面的否定他。

假若對方的說法眞的有錯，提出修正還是必要的，重要的是你提出異論的方法和態度。就對方而言，提出反論的就是站在面前的這個人，實在是件難以忍受的事，但相反的，提出反論的人並不在眼前，而是社會上的普通人，他的反感就不會那麼深，也不會直接地對你反駁。因此，你可以先說明：「有一些人認爲……」，然後提出反論，就不會那麼刺激對方了！

103 了解對方所渴望的「評價」，給予讚詞

能幹的店員除了善於推銷之外，還長於閱人，只要一會兒功夫，就能看出客人的情緒和願望。

以一個業績很高的服飾店員爲例：如果客人是個胖子，她會拿件小一號的尺寸給對方試穿，如果是個瘦子，會取出大一號的尺寸，客人當然知道自己穿幾號的衣服，會對店員說：「不行，我是穿×號的！」此時，這位店員就會很驚訝的說：「啊！眞的嗎？可是我一點都看不出來呀！」

這種絲毫不露痕跡的讚美，不像奉承話聽了讓人起鷄皮疙瘩，卻又正好說進對方的心坎中，實在非常高明。諸如此類之外，像美容師對客人說：「你的頭髮是天生的自然捲，不用燙就有波浪，眞令人羡慕！」報社的編輯對作家說：「依你執筆的速度，一個禮拜的時間足夠了！」同事

之間說：「上面的人都很欣賞你的能力！」等都屬於這種心理戰術。

他們的共同點是：正好說中了對方的心事。頭髮自然捲的人老是爲自己蓬鬆飛揚的頭髮煩惱，所以美客師必須强調自然捲的優點，使客人覺得這位美容師善體人意，成爲固定的客人。編輯對作家說的話，一方面是鼓勵，一方面也是讚美，所產生的作用，足可使這位作家如期交稿而不拖延，因爲沒有一個作家願意被人視爲「拖拉高手」。而一個普通人，不管有沒有升遷的可能，都希望自己的才幹受到重視，你的鼓勵可使他發揮全力。

總之，每個人的內心都有自己渴望的「評價」，希望別人能了解，給予讚美。如果你能發掘出對方的這種「評價需要」，他就會覺得你是最了解他的人，這一點與所謂的「奉承」完全不同。就像公司裏有些職員賣力的工作，他的目的倒不一定是想獲得升級，而是期望獲得上司的重視，因此身爲上司的人，應適時的給予鼓勵慰勉，稱讚他處理業務的能力，不管你誇獎的程度如何，他都會覺得高興，更賣力的爲公司服務。

104 傾聽對方的話時，要有所反應

要表示你在仔細傾聽對方的話，最簡單的方式就是不停地點頭，發出「嗯！嗯！」的聲音，可是要注意，這種方式用多了，會產生反效果。

第一、點頭次數太多，會破壞發言者的情緒，令人覺得厭煩。尤其是廣播電台的節目主持人，最忌諱這一點。當你在訪問特別來賓時，因爲面對著客人，也許還不覺得，可是在收音機旁邊的聽衆來說，看不到現場的情況，只是不斷地聽到主持人穿插的「嗯！嗯！」，聽不了多久就會啪擦一聲！把收音機關掉。

第二、不斷地點頭和發出「嗯！嗯！」聲，會讓對方看做是一種機械性的反應，認爲你並沒有專心在聽，而只是敷衍性地僞裝做作，因爲無論他說的是否定的，還是肯定的，你都一味地點頭如也。不要多久，對方就會失去說話的慾望，讓你自己唱獨角戲了！

事實上只要你認眞的聽對方的話，一定會發現有不太了解的地方，有令人感動的地方，也會

傾聽對方的話時要有所反應。

有令人拍案叫絕的地方，爲了表示你受感應的程度，除了普普通通的「嗯！」之外，應積極地有所反應。例如：「原來如此！」「啊！太意外了！」「喔？」「爲什麼？」「就因爲你……」最好把對方說過的再重複一遍。

不過要注意的是，你的反應要適可而止，不要太多話，話太多了等於是「搶風頭」，一樣也會產生反效果。

105 嗜好與對方一致時，也不要搶著說，應做個好聽衆

一般說來，共同的話題可以拉近雙方的距離，但是應用不當，也會變成失敗的主因，必須特別注意。

例如：兩人相談之下發現高爾夫球是彼此的嗜好，話就會講不完，可是在無意識中，也會產生競爭的心理，好像身在球場上一爭勝負一樣。如果其中一位技高一籌，另一位可能會甘拜下風，提出許多問題來請教；但如果雙方實力均等，就有得瞧了，這一位認爲該多練習，那一位認爲天分比較要緊，難免會開始抬槓。加上人都有好誇耀自己拿手技術心理，話講多了，往往忘記身在何處，弄到後來，完全忘了原來在談什麼，甚至演成一場舌仗，弄得不可收拾。

編劇家要以劇情來表現對立關係時，都會把兩位競爭者的個性描寫的很相近，而兩位能夠溝

不要搶著說話，要做個好聽衆。

通的朋友，其個性却是完全不同的。這種表現手法乍看似乎有點矛盾，可是仔細想想，就會覺得非常正確。

因此當你與人面談時，如果發現自己的專長或嗜好與對方一致，應當克制自己，盡量做個好聽衆。

許多有經驗的人都知道，打交際麻將時，應該不露痕跡地讓對方贏，如果忘記了打這次麻將的目的，沈醉於「戰場」上，與對方爭個你死我活，客人難免不愉快，對你留下了惡劣的印象，那就太划不來了！

還有在酒廊中接待客人時也得注意，有些較好色的人，一看到漂亮的女招待就忘記了此行的目的，爲了要博取女招待的好感，會拼命炫耀自己，比如：開多大的公司啦！一年做多少生意啦！世界各國差不多都去過了啦……只顧著自吹自擂，完全忘了一旁的客戶，結果你得到了招待小姐的好感，却失去了重要的客戶，這划得來嗎？

106 對方的小錯誤，應視而不見

有個推銷員爲了要開發新客戶，一天要跑好幾家公司，接洽的對象，多半是課長級的人，不過偶爾也會見到經理。因爲每家公司的規模、制度不盡相同，同樣的業務，有些公司讓課長出面就可以了，有些則必須由經理處理。這一天，這位推銷員在一連拜訪了好幾位課長，之後來到某公司，接待他的是一位經理。雖然彼此都交換了名片，可是一整天的忙碌使得這位推銷員有點糊塗，在談話中，他還是不斷地稱呼對方爲「課長」。

等他回到自己的公司整理名片時，這才發現了自己的錯誤，於是十分緊張地打電話道歉，但那位經理却說：「喔！原來是這回事，沒關係，你不要放在心上！」語氣裏所表現的豁達，使得這位推銷員又感激又敬佩。

的確，明明是個「經理」却讓人叫做「課長」，平常人總會有點不快，但是對方不但沒有當場提出糾正，甚至事後還安慰對方，可見得是個氣度恢宏、胸襟開闊的人，這也就難怪這位推銷員佩服不已了！

類似的情形在日常生活中也時常發生，最平常的例子，就是督促小孩做功課的態度，小孩功課有錯誤，與其直接指出來，不如讓他自己發現，效果來得更好。這種方法，無論是用在父子之間還是師生之間都很有效，因爲可以保持犯錯者的自尊，而加深其自我糾正的印象，以後會避免再犯。這在人際關係上，是很有用的一個方法。

有親密關係的人尚且應該用這個方法來處理對方的小錯誤，更何況是初見面的兩個人？對著完全不了解的人，中斷了彼此的談話專程指出對方微不足道的錯誤，實在不是件愉快的事，尤其是自己所犯的錯誤竟然就是對方的頭銜時，更會令人尷尬不已，除了道歉之外，只能手足無措了，像這樣，談話還能繼續下去嗎？

像這種情況，前述的那位經理就處理得很好，如果他在那個時候立刻糾正對方，這位推銷員在滿心的難堪之下，反而會把自己的錯誤丟在一旁，同時也會認爲對方是個拘泥於細節的人，說不定會產生憎恨之意。當然有關工作上的重大錯誤是必須當場糾正的，但僅止是稱謂上的一個錯誤，與工作的內容毫無關係，就不必太計較了！

因此，諸如此類與工作本身沒有關係，或是與談話主題沒有什麼關係的小錯誤，發生在初見面的人際關係中時，最好視而不見，這樣不但能避免引起對方的緊張，自己還會有很大的收獲。

107少用「因爲」、「所以」

「因爲」、「所以」在作文時應用得很廣，尤其在敍述前因後果時，似乎非用這兩個連接詞不可。不過，我在這裏要奉勸各位，在談話中少用這兩個詞句，尤其是在說理的時候，一不小心，就會把事情弄砸。

比方說你遲到了，站在上司面前解釋：「因爲公共汽車抛錨，所以我遲到了！」聽起來好像是小學生在向老師報告遲到的原因，不然就像個死不認錯的人在爲自己做辯解，有理直氣壯之嫌。如果你面帶一點笑容，用不大不小的聲音說：「…公共汽車抛錨了……」就顯得很婉轉，也恰當地表現出你的歉意。最重要的，不要說出「遲到」兩個字，否則等於在宣判自己的罪名，會令上司更覺得罪不可赦。

這種說話的方式稱之爲「曖昧的說法」，最適合用於初見面這種微妙的人際關係中。

「因爲」，「所以」是用於說理的連接詞，只能用於理論性的交談上。如果一般的會談中常用這種詞句，會抹煞掉原來的主題，使彼此的立場變得尖銳，和諧的氣氛因而蕩然無存。彼此都用心於理論，如果順利的話，也許可以得到一致的結論，但如果不順利，不但無法達到原來的目的，也有造成反效果的可能。

因此在初見面的場合上，最好少用「因爲」、「所以」這一類不婉轉的詞句，免得引起對方的反感和警戒心。兩方面也要多多注意「曖昧說法」的利用。

108 要推銷自己時，應訴之於對方的「四覺」

現在的競選活動已經不可同日而言了，爲了向選民推銷自己，每位候選人都使出混身解數、花樣百出，有的是連呼自己的名字，採「疲勞轟炸法」；有的則不斷地與人握手，採「皮膚接觸法」。這兩種是最平常的心理戰術，其目的不外乎是讓對方記住自己的名字，同時藉著皮膚的接觸，增加彼此的親密感。

記憶的系統也包括了人體的感覺器官，不過大部分的人在推銷自己時，只動用了其中的視覺和聽覺，而忽略了還可利用嗅覺和觸覺。

少用「因為」、「所以」的詞句。

俄國已故的赫魯雪夫便是個善用觸覺效果的人，他與人見面時，不但用力握對方的手，還要與對方擁抱，行貼面禮。目的也不外是用觸覺來加強自己給人的印象，亦是一種推銷自己的戰術。

現在的候選人似乎也能體會到這一點，除了拚命分發海報、拚命呼叫自己的名字之外，也懂得多與羣衆握手，以拉近彼此的距離感。在這方面，女姓還可以占優勢，因爲她們還可在身上灑香水，加強別人對自己的印象。人的嗅覺也可形成某種形象，因此用香水不但有美容的效果，還可做爲人際關係上的一個小道具。

總之，視覺、聽覺、嗅覺和觸覺，便是可以加強印象的「四覺」。

109 整理「表情」比整理儀容更重要

我的朋友有次去見某企業家，當約定的時間到了時，秘書小姐出來對他說：「對不起，董事長請您再等五分鐘好嗎？」他只當這位董事長的會還沒有開完，便安心的等了一下。

五分鐘過後，這位董事長滿臉笑容的出來了，寒喧之後，便帶著歉意說：「我剛剛在開一個重要的會議，表情很緊張很嚴肅，以這種表情和初見面的人對坐，也許會給你一個不好的印象，而且也很不禮貌。所以我在後面坐了幾分鐘，等自己的心情、面孔都恢復成平常的樣子時，才出來和你見面，勞你久等了！」

這雖然是則小故事，卻含有深遠的意義。人的心理是藏不住的，七情六慾極容易顯現在一張臉上。因此，你想要給初見面的人一個好印象，便應該向這位董事長學習，細心注意自己的心境和表情。

大部分的人在抵達約定的見面場所時，只會注意自己的領帶是否歪了、頭髮是否亂了，而完全沒有想到自己的表情是否正常。既然都要照鏡子，不妨做個深呼吸，看看自己的表情和平時有何不同，如果發現自己的表情太緊張，可以對著鏡子笑一笑、舒緩一下。

110 對方若在看錶，就應準備結束談話

對付不識相的人有各種方法，我們可以當著客人的面掃地、抹桌子，客人的茶水喝光了也不替他添滿，把電唱機開得震天價響……等等不一而足。

有些人天生就比較遲鈍，一坐下來就忘記時間，以至於打擾太久，使主人寶貴時間都浪費掉了。這時有些人會應用上述的方法來下逐客令，有些人臉皮比較薄，有些人則是修養甚佳，不好意思有所表示。不過，心裏的焦急，總會在表情上或動作上表現出來，其中最常見的，便是偷偷的看錶。

如果你在與人初識的時候，談話中發現對方偷瞄了一下錶，就應該立即結束話題，準備告辭

，這樣才會給對方留下好印象。否則自顧自的說下去，對方會由不耐煩轉爲厭惡，那就得不償失了！

有些人頻頻看錶之後，發現對方仍無告辭之意，有時會直接問對方：「現在幾點了？」如果對方仍不受影響，可能會說：「啊！已經十點了！」如果這樣說對方還不知道，那就是個麻木不仁的傢伙，可以毫不客氣的下逐客令了！

總之，基本的初見面禮貌，是要在初見面之初就說好打擾到幾點，免得耽誤別人的事，也留給對方留下好的印象。

111 分手時的良好表現可挽回原先的不好印象

日本以前的首相田中角榮是個很善於處理事務的人，尤其是對付各種請願團很有一手。例如：他如果接受了某團體的請願，便不會送客，但如果不接受時，就會客客氣氣地把客人送到門口，而且一一握手道別。這些無法達到目的的人不但不會埋怨，反而會因爲受到了首相的禮遇而滿懷感激的離去。像這樣一個深深懂得心理學的政治家，難怪會當上首相。

人的記憶和印象，都會受到所謂「記憶的系列位置」的影響，也就是說，一件事情的整個經過中，開頭和結尾給人的印象最深，具有左右整個記憶的作用。

如果你在與人會面的過程中，曾犯下了某種錯誤，或是表現平平的話，可以在分手之前，做一個良好的表現，以改變對方對你原來的印象。只要你的表現得體，不管原先的表現如何，都可以獲得補救，甚至留下永生難以磨滅的印象。

田中角榮所擅長的，便是這種高明的心理戰術，他的送客，就是要讓客人忘掉原來的失望，轉而覺得榮幸。俗話說：「好頭不如好尾」，就是這個意思。相反的，如果原來的表現很好，分手時更要特別注意，以免功虧一簣。

112 告別時不妨說出當天的感想

到人家家裏做客，談得十分愉快，可是告辭出來時，才剛跨出大門，就聽到身後的門「碰！」的一聲關上了，相信不管是誰遇到這個情形，都會涼上半截。也許對方是無意的，可是在客人來說，心中總會有所猜疑，原來暢談甚歡的會面，也就這樣一筆勾消。

正如上一節所說的，分手時的印象足以左右整個會面的結果，是成是敗，最後一刻的表現最重要。

我曾經與一位女明星會談過，至今仍然念念不忘。這位女明星聰慧可人固然是其原因，但是眞正令我無法忘懷的，還是當我們分手時她對我說的話；當我欠身告辭時，她面容誠懇的對我說

告別時不妨說出當天的感想。

：「今天聽到你的一席話，使我獲益不少，這些意見對我以後的工作有很大的幫助，眞是太謝謝你了！」

這番話使我如沐春風、永生難忘。後來雖沒再和她見面，但是我特別關心她的消息，可能就是因爲她對我說了這番話的緣故。

這位女星在面談的過程中，就一直給我很好的印象，如果她的表現只到此爲止，我可能在半年一年之後就忘掉了這個人，但是她在最後的一刻，使用了加强印象的心理戰術，使得我留下了忘也忘不了的印象。這樣做法並不一定有什麼特別的企圖，但是讓對方對自己更有好感，是百利而無一害的事，又何樂而不爲呢？

所以說，在分手前一刻說出你對當天會面的感想，可給對方留下深刻的印象，但是措詞要恰當，如果說得不好，反而會抹煞了原來的效果。你可以使用「絕對」、「非常」等一類有強調意義的句子，來表達你的感受，使對方覺得自己的重要性。

在談話的過程中，如果常誇獎對方，會被人認爲太阿諛，但是最後分手時讚美幾句，却有非尋常的作用！

113 見面之後再寫信給對方，以加強印象

前些時候，我參加了一個由幾位名政治家舉辦的座談會，受邀的來賓不少，都是學有所長的專家。

三天之後，我收到了主辦人的謝函，措詞誠懇，謝意深忱，看了之後心裏非常受用。在見面之後又寫信來道謝。而且速度如此之快，的確與衆不同。我問過其他與會的來賓，他們也都收到了謝函，但是每封信的內容都不同，可見得主辦人並非形式化的寫信道謝，而是眞心誠意，就各來賓的論點加以讚揚。這雖不是什麼大事，但一個人要有所成就，在人際關係上的處理，就得超人一等。

此後，我就學會了這個方法，在與人初見面之後，如果想要對方記住自己，留下特別的印象，我回家之後就立刻提筆寫謝函。這種寫信的戰術非常有效，往往使我在各方面的進行順利了不

少。

可惜的是大部分的人在見過面之後就算了，即使寫信，也是內容千篇一律的謝函，這樣的信還不如不寫。

信寫得好，可以固定或喚醒對方的記憶，使對方重新想起見面時的情形，這是一種非常有效的記憶增强法，具有「重複」的作用。不過，如果你們的見面過程並不如何，而令對方事後一下子就把你忘得乾乾淨淨，那麼你的信寫得再好也沒有用！

這種方法要用在你對這次的會面有相當的信心時，而且信也要寫得好，才能使對方想起面談的內容和面談中得到的印象，這便是所謂「一貫的加强」。

五、讓對方說「是」的心理戰術

序言

相信大部分的男人都會同意我下面的說法，就是想要向女朋友求婚，讓她點頭，需要相當的努力才辦得到對付一個相處長久的朋友都不容易了，更何況是一個初見面的人？本章所要談的，便是如何克服這個困難，使對方點頭稱是，答應你的要求。

見面時，你必須要先有個概念，因爲你不認識對方，固然使你覺得沒什麼把握，但同樣的，對方也不認識你，也未必對自己有信心。這種勝負的機會，是一比一，機會均等。大部份的人，都只會認爲自己不知道對方的底細，便無法穩操勝算，因而感到胆怯，甚至高估了對方，像這種心理，可以說是不戰先敗。

有一位很有名的棒球投手告訴我說，當他第一次上場擔任投手時，對方的打擊手正是當時赫赫有名的强手，打擊率很强，他站在投手板上，毫不胆怯的投出了三個好球，使得那位强打者被三振出局。

在初見面的時候，想讓對方說「是」，就要像這位新投手一樣，投出凛厲的球，讓對方來個措手不及，使自己取得優勢。當然你不一定要投好球，也可以來個壞球、直球或其他的變化球。

本書便是要告訴你，在何種情況之下，應該投什麼球。換句話說，我就是個把新投手送上球場的教練，各位就是我所要培養的新人，如果各位肯好好的接受我的指示，保證可以使對方三振出局。

我這樣說，也許你會以爲我是個了不起的選手，百戰百勝，其實並不是，我也經驗過好多次失敗的初見面，如果說我和其他人有什麼不同，就是在我失敗之後，會好好的分析，以專門心理學的立場仔細研究，想出對策。

名選手不一定能成爲名教練，拿我自己來說就不是個名選手，但我卻是個好教練，因爲我很能了解選手的煩惱。你若能夠按照我下面所說的去做，保證你投出的第一球，就能讓對方說「是」。

114 由回答爲「是」的問題開始

有一位著名的軍事家，是個講話很「衝」、從來不帶笑臉的人，據說有一個夏天的傍晚，鄰人向他打招呼說：「今天眞熱啊！」他却扳著面孔回答：「夏天都是這樣的！」使得鄰人很下不了台。

他之所以有這樣的作風，可能是身爲軍事家特有的警戒心使然，在人際關係上不得不表現出不願與人妥協的態度。如果在那位鄰人的招呼之後，他若回答：「是呀！好熱！」，那麼，他的自我防衞就會鬆懈，接下來的問題也很容易回答出：「是！」來，這對一位軍事家來說，是很危險的。

因此，即使是很普遍的寒暄，這一類厲害人物也絕對不掉以輕心。他們擺出這種拒人於千里之外的態度，並不是要擊退侵入的敵人，而是根本不讓敵人有侵入的機會。相反的，想要使敵人堅固的防衞鬆懈下來，便得從對方不得不回答「是」的問題開始。

在這個世界上，態度硬梆梆的人究竟很少，因此只要動點腦筋，讓對方說「是」並不困難。但可千萬不要提出讓對方回答「不」的問題，這樣一來，他的防備會更堅固，你也就無從下手了。

115 不要以解釋的口氣說話

我有個朋友前一陣子到印度去旅行，途中發生了一件不愉快的事。當時他在一家餐廳用飯，還沒有全部吃完時，離座到洗手間去了一趟，回來時，發現一個印度人正從他披在椅子上的外衣口袋內取出皮夾子，他很憤怒地喝問對方，但是那個印度人却不慌不忙的說：「我只是替你清理一下！」而且無論他怎麼責罵，印度人始終都不承認自己是在偷錢。

的確，在印度這個國度中，如果承認了自己的罪行，很可能生命會有危險，這也就難怪那位印度人死也不肯認罪了。我認爲那位印度人的行爲雖不足取，但這種事却值得我們研究。也就是說，一旦自己的弱點被對方抓住時，必須堅持一種守勢，否則就會屈服在對方的壓力之下。

我所要說的，當然不是教你死不認錯，或是將白的說成黑的，而是告訴你，如果在初見面時，一味地以解釋的口氣說話，無異是貶低自己的氣勢，使自己的立場軟弱。如果非不得已，千萬不要一開始就採取守勢，因爲這樣一來你就不得不守下去，就沒有反守爲攻的希望了。

116 給對方下個定語，對方即會受此約束

每個人對自己的優點，多少都有點自負心，而且很希望得到別人的承認。如果能善加利用人心的這種慾求，對方卽可讓你掌握，依照你的期待去行動。例如：你對一位小孩說：「你很聰明，又肯用功，功課一定愈來愈好。」這個小孩就會如你所願，努力做個好孩子。相反的，如果你對他說：「笨蛋，你什麼事都做不好，有什麼用！」孩子也會依你所說的，愈來愈差，終至成爲一個壞孩子。這種心理趨勢，我稱之爲「標誌效果」。

每個人都很容易受到別人所給他的「標誌」的影響，好的「標誌」，可以引發一個人的潛力，壞的「標誌」，也會將一個人導入歧途，這是利用心理學的暗示效果。這個效果也適用於初見面的場合，如果你希望對方是個有決斷力的人，那麼，不管他是不是這種人，你都可以給他冠上「你是個做事很有決斷力的人」，對方的自尊心得到滿足，便不得不按照你爲他貼上的「標誌」去行動，也就是說，他會受到這個標誌的約束。

人很容易受到別人所給他的「標誌」所影響。

「要一個人有優點，就讓這個人去擔負這項優點。」這是英國名首相丘吉爾所說的。最了解這項心理構造的，便是設法使嫌犯認罪的刑警，例如：

「你本來不是個會殺人的壞人，你的鄰居也都說你很孝順，但是你這樣悶聲不響，最傷心的還是你的母親，你是要做個孝順的兒子，還是讓母親傷心……？」

這番話給這位犯人冠上「孝順」的標誌，他也就會採取「孝子」的行動了。

117開始就宣佈你的「最低目標」，會使對方有壓迫感

世界重量級拳王阿里在比賽之前總喜歡誇獎自己一番，同時把對方貶低身價，最有名的，便

是向對方宣稱：「我在第×回合時，要將你打倒！」因此他有個外號叫「吹牛克來」。這便是阿里獨特的心理戰術，他在比賽之前，先宣布自己的目標，給對方心理壓力，使自己占優位。

這一套你也可以應用，在初見面時，先壓迫對方的心理，例如：「今天你只要記住我的名字就好了！」「我希望你給我五分鐘！」先宣佈你的最低目標，如果對方能接受當然很好，如果不願意，至少也會有負担感，不管是那一種，都是對你有利的。

就以阿里來說，他先宣佈對方難以接受的目標，使對方覺得憤怒和緊張，比賽時就容易分心失誤。不過在初見面的人來說，還是宣佈對方容易接受的條件為佳，以免弄到後來對方怒不可遏而與你決裂，那就失去你使用這項法寶的目的了！

118 你的態度可決定你是否優勢

在外國，如果發生了車禍，不管眞正的錯是誰造成的，先說：「對不起」的那個人就是禍首，因為他們認為誰先認錯誰就有錯，否則何必認罪呢？所以你必須了解，一句「對不起」就決定了當場的「心理序列」，這種情形可應用在很多場合上。

點頭，是一種很單純的禮貌，但是其原始意義，却帶有地位低者向地位高者致意的意義。此外，在東方人來說，同一個宴席上的人，地位高者有權先舉箸。

如果在初見面時，有必要造成「你低我高」的心理序列時，不妨利用這一類傳統的規則，但是不要做得太明顯，免得使其他的人起反感。比方說，要向對方點頭時，動作比對方慢一點，吃飯時先舉箸，以領導者的地位自居。別看這些都是小事，在心理戰術上來說，必要的時候是很管用的。

119 難以啓口的話要插入笑話中

一位面孔美麗的女明星對大文豪蕭伯納說：「如果我們結婚，生的孩子有你的頭腦，我的面孔，那有多好！」「不，」蕭伯納愁眉苦臉的說：「如果生下的孩子有我的面孔，你的腦筋，那有多糟！」

蕭伯納是舉世公認的幽默大師，他的機智能使遭拒絕的人不那麼難堪，在詼諧中知難而退，這點，正是我們必須學習的。許多難以啟口的話，在不得不說出來的時候，必須以最佳的表現法說出，否則不但達不到目的，還會使友誼決裂，產生憎恨。

最好的方法，便是以幽默的方式表現，不但效果最好，也最不傷感情，而且萬一有什麼不快，還可以推說是開玩笑，不必負責任。

某位編輯最了解「幽默」的作用，尤其是在邀稿時，他不說「拜託拜託寫篇稿子！」而說：

難以啓嘴的話要插入笑話中。

「你已經夠有名了，請你寫稿子不是要打你的知名度，而是幫我們出版社打知名度！」

初見面的雙方，在不知道要如何開口的時候，來這樣的一句，可以沖淡彼此的生疏，達到目的。

120 握手要用力，使對方佔下風

美國前總統尼克森訪問中國大陸時，我在電視上看到尼克森與毛澤東握手的鏡頭，只見毛澤東握著尼克森的手上下搖個不停，這可能是中國式的握手方式，但是尼克遜似乎有點難以消受，露出不自然的神色。

他們後來的會談內容如何我不得而知，但是由當時握手的情形看來，顯然是尼克森居下風。

握手是一種表示親密的形式化的動作，因爲已經形式化了，所以大家都不放在心上，抱著敷衍的態度隨便握一下；其實秘訣就在這裏，就因爲已經形式化，所以如果將這個形式打破，就會引起心理的動搖，對方的心理一旦有所動搖，你自然可以佔上風了。

另外，當你用力的握住對方的手時，會給對方一種「這個人很有自信」的感覺，這是你要使他接受你的條件時，不可或缺的一種心理狀態。

121 保持距離，較能提高說服的效果

街上一對對男女，光是看他們兩人之間的距離，便可猜測出這兩人親密的程度如何。如果貼在一起，關係當然非比尋常，如果各走各的，一定還很生疏。

通常心理上的距離會反映在物理的動作上，如果想要與對方建立親密的關係而去接近對方，有時會引起對方的不快。就像動物都有自己的地盤一樣，人也有所謂的安全距離，當自己的「地盤」受到侵害時，會產生戒心和不安感。尤其是初見面的時候，彼此完全都是陌生的，更會提高警覺，因此不能貿然的靠近對方。

根據實驗報告，要說服對方，雙方的距離以四公尺半最爲恰當，若再靠近些，因爲彼此可以

使用簡單明瞭的話，較能說服對方。

詳細觀察，產生不了壓迫感，就達不到說服的目的了。關於要如何說服對方，有很多不同的理論，但我認爲其中最有效，也最容易做的，便是「保持距離」。

122 要說服對方，必須使用簡單明瞭的話

日本有位聞名的助選參謀飯島清，素有「選舉之神」之稱，因爲很多候選人只要聘他做助選參謀，就一定會高票當選。他曾經說過：「候選人如果懂得比喻的技巧，選舉就比較順利！」並舉出了兩段話來做比較。

「最近物價一再上升，在這種動搖的世界經濟之下，我曾經具體地去研究原因，以謀求流通機構的合理化……我要以最中肯的措施爲選民服

務……」。

「物價上漲的原因很多，就以黃瓜來說，是由中間商從很遠的鄉下買來，經過整理、裝袋，才會到我們的手裏，因爲中間要經過很多的商人……」。

同樣是說明流通機構，後者要比前者更爲易懂，前者所使用的詞句太抽象，寫成文章也許還看得懂，但是用耳朵聽，難免覺得莫名其妙，而且因爲聽不懂，就會感到不安，而不想接受。

至於後者，因爲舉出了黃瓜，聽的人就會產生明確的形象，從而安心地聽下去。但是飯島清先生說的那句話，並非指每一件事都要比喻，而是說想要贏得人心，就必須使用淺顯易懂的話，才容易使人接受。初見面時，彼此都會有點緊張，有的人想博取對方的好感，會使用平常不常用的句子，以免對方看不起自己，這是一種無意識的心理作用，你必須注意這點，不要說出太艱深難懂的話來。

123 引用對方的話，可免冷場

交談時，對方如果是個比較木訥的人，你就得多費一點心機了！尤其是你担任會議主持人或訪問人時，更不能使節目冷場。就拿我來說，我都會準備紙和筆，隨時記下一些要點，這些要點是對方說出的比較特別的話，有時是提到他自己的專長，有時是特殊的見解，大部分都與主題無關。

這一類特殊話題，如果當時就打岔發問，不但與原來的話題不連貫，也會使得對方莫名其妙。所以先筆記下來，等對方默然不語，有點冷場的時候再提出來，否則臨時要你編出一些話來，有時根本講不出來，好不容易想出的，又可能太唐突。如果能適時提出對方剛才講過的，而又尚未討論過的話題，就兩全其美了！

這種方法是一位名主持人教我的，我在付諸實施之後，發現的確很有用，而且據我所知，有許多名主持人都在使用這個方法。對對方來說，因爲是剛才自己提出的，當然不至於無話可說，更重要的是，你會注意這種「小地方」，表示你在細心傾聽他的言論，這在對方看來，是最高興的事了。

124 對方做抽象論時，可以平實論來打擊

一九四一年，英國與德國正在戰爭之中，美國總統羅斯福特地派哈里·霍布京爲特使，到倫敦去與丘吉爾共商大計。丘吉爾爲了要得到美國的援助，便說：「大戰後的世界，可能……」想以高篇大論吸引霍布京的注意，但是霍布京對他說：「現在不談這個，先談閣下要如何打倒希特勒才是最重要的！」

在初見面的場合中，有人爲了避免氣氛太嚴肅，會以較低俗的話來交談，但也有人爲了賣弄自己，就會發表一些「高論」，强調自已博學多聞。這個時候，你可以用最平實的話題作爲回答，這種意外的話題，會使對方的心理發生動搖，繼而交出談話的主導權，這樣你就可以居上風而不敗了！

125 早就預料會失敗的面談，應製造一些「空檔」

目前已經退休的日本柔道高手升田幸三，在二次世界大戰時曾經歷了一件有趣的事。一天，當時聯合國駐日的管理機構GHQ要他去會談，升田知道準沒有好事，便先提出了一邊面談、一邊喝酒的條件，對方也答應了。結果在會談時，當對方提出了他不願回答，或是無法回答的事時，他就說：「我要到一號去！」因爲喝了酒，上厠所的次數自然會增加，對方也拿他沒辦法。他的這種「空檔」戰術，逃避了不少難題。

這種情況在球場上也常可看見，例如球隊教練見情況不妙時，就會叫「暫停」或「換人」，趁機製造一個空檔。空檔不但可以挽救我方球員低沈的士氣，還可以打斷對方高昂的士氣，至於如何挽救自己隊員的士氣，就得看教練的本事了。

觀察比賽進行的情況，在必要的時候來個暫停，是教練的重要任務。事實上也有很多一次「

暫停」之後，整個戰勢就此改觀的例子。相反的，也有一些教練無法掌握選手的心理狀態，當自己的球員正有利時，却來個「暫停」，結果使得球員無法一鼓作氣，明明有利的情況就這樣中斷了！

我有空時，也很喜歡看電視的球賽轉播，但我的注意力並不放在選手的身上，而是放在整個球賽的調度上，誰得了分，誰有失誤，我都無所謂，但是碰到該叫「暫停」而不叫的時候，我比任何人都緊張。

如果你在面談時，發現自己的情勢很不利，或是在面談之前就預料到這次的面談會呈一面倒的情勢時，就得製造一些「空檔」了。你可以像升田一樣，藉機到一號去，不過次數若太多，人家會看出你的內心已有所動搖，反而會陷入更不利的立場。如果面談的地點是在自己的公司，可適時安排送水果或咖啡進來，如果是在對方的公司，不妨安排自己的同事打個電話進來。總之，當你預料到面談會失敗時，切記要趕快製造「空檔」。

126 用對方說過的話來陳述自己的意見，更容易使對方接受

我認識二位編輯，他對拉稿很有一套，我曾經就此事請教過他，他說：「我一定要和對方見個面才使得出辦法來，在電話裏行不通。只要見個面，我就可以找出對方非接受不可的理由。」

先用對方的話，再引出自己的意見。

因此，很多不輕易爲人寫稿的作家一碰上他，就沒輒了。

他的辦法是：想盡辦法與對方見面，見面之後不提正事，先裝做沒事一般與對方話家常，盡量使話題愈談愈投機，然後在適當的時候，說：「你這樣一提，使我想起了……問題，你認爲如何？」其實這個問題，他老早就放在心上了。對方中計發表意見之後，他就接著說：「太好了！你的意見非常特別，就請你按照這個意見寫篇稿子吧！」這樣一來，對方往往會答應了下來，因爲要寫的東西自己剛剛都已經說過了！

即使你沒有什麼要求，只是要表示自己的意見，也可以用這個方法，例如：「對！你這樣說，倒使我想起……」或是「正如你所說的……」等，先用對方的話，再引出自己的意見，可使對方認爲自己是主角，會更容易接受你。尤其是你想要說服對方時，這種技巧更見重要，因爲若直截了當地提出，對方會有壓迫感，但若使用對方用過的表現法，就完全不同了！

談話時，即使主導權在於自己，也要不時地捧捧對方，使對方更容易聽你的話。

127 不知如何回答時，不要回答而提出反問

這是一部喜劇中的一幕，胆怯的男主角想向女主角示愛：

女：「爲什麼會有抱獨身主義的男人？」

男：「是呀！爲什麼呢？」

女：「有正常的工作，正常的身體……眞是太愚蠢了！」

男：「愚蠢？」

女：「是呀，有人愛他愛得要命呀！還是個很不錯的小姐！」

男：「愛他？愛誰？」

女：「你呀！」

男：「我？誰會愛我？」

女：「當然是我！」

男：「……其實我也一樣！」

看完這段對話，你就知道這個男人句句都是問話，而他的眞的目的，是在示愛。通常說來，示愛的人怕對方不接受，總是站在比較軟弱的立場，想要反敗爲勝，就該使用這種誘導質問法。這也是想要探測對方眞意時常用的方法。

我們在發問時，可以某程度地預料到對方會有什麼樣的回答，但却要防備不讓對方察覺我們會如何回答。故意不回答而用反問的方式，對方的心理多少會受打擊，這種反擊，就是要改變自己立場最好的機會。

128 「給我一個機會」比「讓我試試看」更有力

想要向初見面的人推銷自己時，決定成敗的因素是什麼呢？首先，要有熱忱，才能感動對方。這種事不止發生在初見面時，長年接觸的人當中一樣也會發生。尤其在爭取新客戶時，你必須表示出比其他人更多更大的熱忱，不過，除了熱忱之外，還有一個更重要的，就是能打動對方的言語。

因爲你的熱忱，說穿了只是爲了自己的利益，你還必須表達出你的關心，這是一種初見面的禮貌，可使對方察覺到你對他的尊重，以滿足對方的自尊心。

因爲如果你說：「讓我試試看！」就含有較霸道的語氣，容易引人反感。但如果說「給我一個機會！」就意味著對方有主權，可以給你一個機會，也可以給兩個機會，同時也表示了你知道還有其他的對手。這是一句很有效的話，不妨試試看。

129 懂得各項戰術，會使你從容不迫

前面的一百二十八節，都是初見面的心理戰術，在最後的這一節中，我要以「懂得心理戰術，就可以打勝仗」這句話做爲結束。

這是日本NHK的名主持人山川靜男所說的話，他告訴我，再老牌的主持人在緊張忙碌的時刻，都有可能忘記下一個歌星的姓名及歌名，這時剛出道的主持人會慌張，趕快抽出小抄來看，而一個老練的主持人卻會說：「這一首歌只有他唱得最好，我們歡迎他出場！」

山川靜男是個有經驗的主持人，應該不會發生這種現象，但是他說：「其實只要事先知道各種解圍法，我就能在舞台上從容不迫的主持節目，反過來說，這種心中的從容，可以使我應付各種場面。」

初見面的心理術與這個情形完全一樣，因爲初見面時會發生什麼事，誰也無法預料，但只要你諳本書的各個項目，隨時都可派上用場，讓你在不同的場合中，保持冷靜和信心，而贏得最終的勝利。

大展出版社有限公司
品冠文化出版社

圖書目錄

地址：台北市北投區(石牌)
致遠一路二段12巷1號
郵撥：0166955～1

電話：(02)28236031
28236033
傳真：(02)28272069

・法律專欄連載・電腦編號 58

台大法學院　法律學系／策劃
法律服務社／編著

1.	別讓您的權利睡著了 [1]	200 元
2.	別讓您的權利睡著了 [2]	200 元

・武術特輯・電腦編號 10

1.	陳式太極拳入門	馮志強編著	180 元
2.	武式太極拳	郝少如編著	150 元
3.	練功十八法入門	蕭京凌編著	120 元
4.	教門長拳	蕭京凌編著	150 元
5.	跆拳道	蕭京凌編譯	180 元
6.	正傳合氣道	程曉鈴譯	200 元
7.	圖解雙節棍	陳銘遠著	150 元
8.	格鬥空手道	鄭旭旭編著	200 元
9.	實用跆拳道	陳國榮編著	200 元
10.	武術初學指南	李文英、解守德編著	250 元
11.	泰國拳	陳國榮著	180 元
12.	中國式摔跤	黃　斌編著	180 元
13.	太極劍入門	李德印編著	180 元
14.	太極拳運動	運動司編	250 元
15.	太極拳譜	清・王宗岳等著	280 元
16.	散手初學	冷　峰編著	200 元
17.	南拳	朱瑞琪編著	180 元
18.	吳式太極劍	王培生著	200 元
19.	太極拳健身和技擊	王培生著	250 元
20.	秘傳武當八卦掌	狄兆龍著	250 元
21.	太極拳論譚	沈　壽著	250 元
22.	陳式太極拳技擊法	馬　虹著	250 元
23.	二十四式／三十二式 太極拳／劍	闞桂香著	180 元
24.	楊式秘傳 129 式太極長拳	張楚全著	280 元
25.	楊式太極拳架詳解	林炳堯著	280 元

26.	華佗五禽劍	劉時榮著	180 元
27.	太極拳基礎講座:基本功與簡化 24 式	李德印著	250 元
28.	武式太極拳精華	薛乃印著	200 元
29.	陳式太極拳拳理闡微	馬　虹著	350 元
30.	陳式太極拳體用全書	馬　虹著	400 元
31.	張三豐太極拳	陳占奎著	200 元
32.	中國太極推手	張　山主編	300 元
33.	48 式太極拳入門	門惠豐編著	220 元

・原地太極拳系列・電腦編號 11

1.	原地綜合太極拳 24 式	胡啓賢創編	220 元
2.	原地活步太極拳 42 式	胡啓賢創編	200 元
3.	原地簡化太極拳 24 式	胡啓賢創編	200 元
4.	原地太極拳 12 式	胡啓賢創編	200 元

・道學文化・電腦編號 12

1.	道在養生：道教長壽術	郝　勤等著	250 元
2.	龍虎丹道：道教內丹術	郝　勤著	300 元
3.	天上人間：道教神仙譜系	黃德海著	250 元
4.	步罡踏斗：道教祭禮儀典	張澤洪著	250 元
5.	道醫窺秘：道教醫學康復術	王慶餘等著	250 元
6.	勸善成仙：道教生命倫理	李　剛著	250 元
7.	洞天福地：道教宮觀勝境	沙銘壽著	250 元
8.	青詞碧簫：道教文學藝術	楊光文等著	250 元
9.	沈博絕麗：道教格言精粹	朱耕發等著	250 元

・秘傳占卜系列・電腦編號 14

1.	手相術	淺野八郎著	180 元
2.	人相術	淺野八郎著	180 元
3.	西洋占星術	淺野八郎著	180 元
4.	中國神奇占卜	淺野八郎著	150 元
5.	夢判斷	淺野八郎著	150 元
6.	前世、來世占卜	淺野八郎著	150 元
7.	法國式血型學	淺野八郎著	150 元
8.	靈感、符咒學	淺野八郎著	150 元
9.	紙牌占卜學	淺野八郎著	150 元
10.	ESP 超能力占卜	淺野八郎著	150 元
11.	猶太數的秘術	淺野八郎著	150 元
12.	新心理測驗	淺野八郎著	160 元
13.	塔羅牌預言秘法	淺野八郎著	200 元

·趣味心理講座· 電腦編號 15

1. 性格測驗	探索男與女	淺野八郎著	140 元
2. 性格測驗	透視人心奧秘	淺野八郎著	140 元
3. 性格測驗	發現陌生的自己	淺野八郎著	140 元
4. 性格測驗	發現你的真面目	淺野八郎著	140 元
5. 性格測驗	讓你們吃驚	淺野八郎著	140 元
6. 性格測驗	洞穿心理盲點	淺野八郎著	140 元
7. 性格測驗	探索對方心理	淺野八郎著	140 元
8. 性格測驗	由吃認識自己	淺野八郎著	160 元
9. 性格測驗	戀愛知多少	淺野八郎著	160 元
10. 性格測驗	由裝扮瞭解人心	淺野八郎著	160 元
11. 性格測驗	敲開內心玄機	淺野八郎著	140 元
12. 性格測驗	透視你的未來	淺野八郎著	160 元
13. 血型與你的一生		淺野八郎著	160 元
14. 趣味推理遊戲		淺野八郎著	160 元
15. 行爲語言解析		淺野八郎著	160 元

·婦 幼 天 地· 電腦編號 16

1. 八萬人減肥成果	黃靜香譯	180 元
2. 三分鐘減肥體操	楊鴻儒譯	150 元
3. 窈窕淑女美髮秘訣	柯素娥譯	130 元
4. 使妳更迷人	成 玉譯	130 元
5. 女性的更年期	官舒妍編譯	160 元
6. 胎內育兒法	李玉瓊編譯	150 元
7. 早產兒袋鼠式護理	唐岱蘭譯	200 元
8. 初次懷孕與生產	婦幼天地編譯組	180 元
9. 初次育兒 12 個月	婦幼天地編譯組	180 元
10. 斷乳食與幼兒食	婦幼天地編譯組	180 元
11. 培養幼兒能力與性向	婦幼天地編譯組	180 元
12. 培養幼兒創造力的玩具與遊戲	婦幼天地編譯組	180 元
13. 幼兒的症狀與疾病	婦幼天地編譯組	180 元
14. 腿部苗條健美法	婦幼天地編譯組	180 元
15. 女性腰痛別忽視	婦幼天地編譯組	150 元
16. 舒展身心體操術	李玉瓊編譯	130 元
17. 三分鐘臉部體操	趙薇妮著	160 元
18. 生動的笑容表情術	趙薇妮著	160 元
19. 心曠神怡減肥法	川津祐介著	130 元
20. 內衣使妳更美麗	陳玄茹譯	130 元
21. 瑜伽美姿美容	黃靜香編著	180 元
22. 高雅女性裝扮學	陳珮玲譯	180 元
23. 蠶糞肌膚美顏法	梨秀子著	160 元

24.	認識妳的身體	李玉瓊譯	160 元
25.	產後恢復苗條體態	居理安・芙萊喬著	200 元
26.	正確護髮美容法	山崎伊久江著	180 元
27.	安琪拉美姿養生學	安琪拉蘭斯博瑞著	180 元
28.	女體性醫學剖析	增田豐著	220 元
29.	懷孕與生產剖析	岡部綾子著	180 元
30.	斷奶後的健康育兒	東城百合子著	220 元
31.	引出孩子幹勁的責罵藝術	多湖輝著	170 元
32.	培養孩子獨立的藝術	多湖輝著	170 元
33.	子宮肌瘤與卵巢囊腫	陳秀琳編著	180 元
34.	下半身減肥法	納他夏・史達賓著	180 元
35.	女性自然美容法	吳雅菁編著	180 元
36.	再也不發胖	池園悅太郎著	170 元
37.	生男生女控制術	中垣勝裕著	220 元
38.	使妳的肌膚更亮麗	楊　皓編著	170 元
39.	臉部輪廓變美	芝崎義夫著	180 元
40.	斑點、皺紋自己治療	高須克彌著	180 元
41.	面皰自己治療	伊藤雄康著	180 元
42.	隨心所欲瘦身冥想法	原久子著	180 元
43.	胎兒革命	鈴木丈織著	180 元
44.	NS 磁氣平衡法塑造窈窕奇蹟	古屋和江著	180 元
45.	享瘦從腳開始	山田陽子著	180 元
46.	小改變瘦 4 公斤	宮本裕子著	180 元
47.	軟管減肥瘦身	高橋輝男著	180 元
48.	海藻精神秘美容法	劉名揚編著	180 元
49.	肌膚保養與脫毛	鈴木真理著	180 元
50.	10 天減肥 3 公斤	彤雲編輯組	180 元
51.	穿出自己的品味	西村玲子著	280 元
52.	小孩髮型設計	李芳黛譯	250 元

・青 春 天 地・電腦編號 17

1.	A 血型與星座	柯素娥編譯	160 元
2.	B 血型與星座	柯素娥編譯	160 元
3.	O 血型與星座	柯素娥編譯	160 元
4.	AB 血型與星座	柯素娥編譯	120 元
5.	青春期性教室	呂貴嵐編譯	130 元
7.	難解數學破題	宋釗宜編譯	130 元
9.	小論文寫作秘訣	林顯茂編譯	120 元
11.	中學生野外遊戲	熊谷康編著	120 元
12.	恐怖極短篇	柯素娥編譯	130 元
13.	恐怖夜話	小毛驢編譯	130 元
14.	恐怖幽默短篇	小毛驢編譯	120 元
15.	黑色幽默短篇	小毛驢編譯	120 元

16.靈異怪談	小毛驢編譯	130 元
17.錯覺遊戲	小毛驢編著	130 元
18.整人遊戲	小毛驢編著	150 元
19.有趣的超常識	柯素娥編譯	130 元
20.哦！原來如此	林慶旺編譯	130 元
21.趣味競賽 100 種	劉名揚編譯	120 元
22.數學謎題入門	宋釗宜編譯	150 元
23.數學謎題解析	宋釗宜編譯	150 元
24.透視男女心理	林慶旺編譯	120 元
25.少女情懷的自白	李桂蘭編譯	120 元
26.由兄弟姊妹看命運	李玉瓊編譯	130 元
27.趣味的科學魔術	林慶旺編譯	150 元
28.趣味的心理實驗室	李燕玲編譯	150 元
29.愛與性心理測驗	小毛驢編譯	130 元
30.刑案推理解謎	小毛驢編譯	180 元
31.偵探常識推理	小毛驢編譯	180 元
32.偵探常識解謎	小毛驢編譯	130 元
33.偵探推理遊戲	小毛驢編譯	180 元
34.趣味的超魔術	廖玉山編著	150 元
35.趣味的珍奇發明	柯素娥編著	150 元
36.登山用具與技巧	陳瑞菊編著	150 元
37.性的漫談	蘇燕謀編著	180 元
38.無的漫談	蘇燕謀編著	180 元
39.黑色漫談	蘇燕謀編著	180 元
40.白色漫談	蘇燕謀編著	180 元

·健康天地·電腦編號 18

1. 壓力的預防與治療	柯素娥編譯	130 元
2. 超科學氣的魔力	柯素娥編譯	130 元
3. 尿療法治病的神奇	中尾良一著	130 元
4. 鐵證如山的尿療法奇蹟	廖玉山譯	120 元
5. 一日斷食健康法	葉慈容編譯	150 元
6. 胃部強健法	陳炳崑譯	120 元
7. 癌症早期檢查法	廖松濤譯	160 元
8. 老人痴呆症防止法	柯素娥編譯	130 元
9. 松葉汁健康飲料	陳麗芬編譯	130 元
10. 揉肚臍健康法	永井秋夫著	150 元
11. 過勞死、猝死的預防	卓秀貞編譯	130 元
12. 高血壓治療與飲食	藤山順豐著	180 元
13. 老人看護指南	柯素娥編譯	150 元
14. 美容外科淺談	楊啓宏著	150 元
15. 美容外科新境界	楊啓宏著	150 元
16. 鹽是天然的醫生	西英司郎著	140 元

國家圖書館出版品預行編目資料

面對面心理術 / 多湖輝著；蘇燕謀譯 －初版－
臺北市：大展，民 82
面；21 公分 --（實用心理學講座；3）
譯自: 第一印象の心理術
ISBN 957-557-413-3（25K 平裝）
1. 應用心理學
177　　82008848

本書原書名: 第一印象の心理術
著　　者: 多湖　輝

發　行　所: 株式會社ごま書房

版權代理／宏儒企業有限公司

面對面心理術　ISBN 957-557-413-3

原 著 者／多湖　輝
編 譯 者／蘇　燕　謀
發 行 人／蔡　森　明
出 版 者／大展出版社有限公司
社　　址／台北市北投區（石牌）致遠一路 2 段 12 巷 1 號
電　　話／（02）28236031・28236033・28233123
傳　　真／（02）28272069
郵政劃撥／01669551
E - mail／dah-jaan@ms9.tisnet.net.tw
登 記 證／局版臺業字第 2171 號
承 印 者／國順圖書印刷公司
裝　　訂／嶸興裝訂有限公司
排 版 者／千兵企業有限公司
初　　版／1993 年（民 82 年）12 月
2　　刷／1995 年（民 84 年）10 月
3　　刷／2000 年（民 89 年）12 月

定價／160 元

大展好書 好書大展

大展好書 好書大展